25座臺灣文學博物館——輕旅行

遇見文學美麗島

臺灣文學博物館採訪小組——著

館長序

下一站，到文學館

國立臺灣文學館館長
陳益源

閱讀的行動實踐，可以是一趟旅行，或許會因此遇見，文學美麗島……。

細數著遍布臺灣各地，以文學為主題的博物館，或作家故居，或紀念館，共有多少座？許多人或許不知道，原來根植土地的文學養分不僅可在文本的字裡行間覓得，它們同時也具體地座落在常民生活的巷弄街道上。

例如位於彰化中正路和中民街口大樓四樓的賴和紀念館，或許居住鄰近的民眾，總是與它擦身而過，或是否曾遇見從大樓大門出入的年輕導覽員，正帶著另一群人準備出發前往彰化市街巷弄中尋找有關賴和的故事？又如駛進美濃街道，那些前往朝元寺的信眾們，是否知道，在不遠之處有座為紀念一位美濃重要作家鍾理和的紀念館？這是我們預設的疑問，而這次出版，是我們單純的企圖，只為讓更多人走進這些就在身邊的文學館。

國立臺灣文學館於二○○三年十月十七日正式開館，是臺灣唯一的國家級文學博物館。然而在文學立館的發展歷程中，或可追溯到一九七九年六月三十日，文學界人士鍾肇政、葉石濤、林海音、鄭清文、李喬、張良澤為籌建「鍾理和紀念館」聯名發起募捐啟事，臺灣首座平民文學作家紀念館——鍾理和紀念館於一九八三年八月七日落成；後有一九八五年臺

北市政府為紀念林語堂先生於其舊居成立的「林語堂先生紀念圖書館」等等。本書所介紹的文學博物館，從文學館成立時間來看，以一九九〇年代間、二〇〇〇年後成立者居多數；就館舍經營屬性而言，其中有由公部門文化相關機關所經營者，如文化部所屬、直轄市及縣市文化局（處）或圖書科、市立圖書館、區鎮鄉公所等，也有附屬於大專院校、高中的館舍，更有是私人或基金會方式經營者。無論公私立館舍，在現實環境中，各館所擁有的資源條件、所面臨的挑戰、經營方式均有相當大的差異，然因我們都是以文學為名而立館，文學是我們共有的資產，推動文學是我們共同的目標，這是無庸置疑的。從這個角度來說，我們理應並肩向前走。

由本書脈絡可見，國立臺灣文學館僅是書中提及全國二十五座以文學為主題的博物館之一，在眾多文學博物館之中，我們是相對年輕的。在臺灣文學的推廣上，除了透過典藏、研究、展覽與教育各面向提供全方位的服務，我們也積極帶著文學館走出去。自二〇一〇年啟動「臺灣文學行動博物館」全國巡迴計畫，至今已邁入第六年，開著我們的行動貨櫃車走進全臺灣近四十個鄉鎮市，同年也開始舉辦「文學迴鄉」系列講座，以文學為公共資源輸送各地。然而面對著眾多在臺灣文學領域長期耕耘的前輩、文學團體來說，臺文館只是文學館家族的一員，我們懷著謙卑的心，期許能略盡一己棉薄之力，藉由此書的出版，與所有家族成員共同灌溉臺灣文學的沃土。

促成此次共同出版計畫的幕後功臣，是臺文館前館長翁誌聰，以及前衛出版社林文欽社長、本書責任編輯鄭清鴻先生。翁館長在任內積極與各地文學館互動交流，並大力支持本次計畫；前衛出版社是臺灣重要的文學出版推手，長期關注並致力於臺灣本土文學與文化的推動，是我們重視的伙伴，也因為他們的媒合，本書得以網羅如此優秀的年輕作家、學者參與採訪寫作，執筆寫作者個個擁有臺灣文學的專業，充分展現出他們對臺灣文學、臺灣土地的

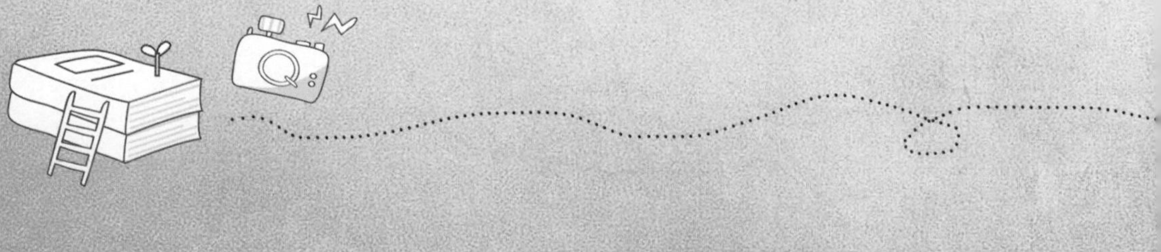

一片熱情。同時，我們還要感謝前館長鄭邦鎮教授、陳萬益教授、蘇碩斌教授的指導與推薦，以及本館公共服務組張信吉組長、覃子君小姐、研究典藏組林佩蓉小姐等伙伴們的辛勤付出。

在此，謹以本書，向所有走在臺灣文學路上的前輩們致敬，期待讀者諸君可以安排您們輕鬆的旅行：下一站，到文學館。

推薦序

文學館點將，臺文系操兵！

前國立臺灣文學館館長、前臺南市教育局長
鄭邦鎮

二〇一五，我為臺灣文學的總表現喝采！

臺灣第一所「臺灣文學系」於一九九七年誕生在真理大學的時候，要敦聘旅日臺灣文學名家張良澤出任系主任，教育部起先不同意，很「瞎」的理由是，張良澤教授不是臺文系畢業的！

十八年後的今天，國立臺灣文學館克盡所能，結合全國二十多個臺灣文學系所培養成材的臺文系所畢業生，遍訪全臺二十五個臺灣文學相關紀念館、博物館，而由向來盡心於臺灣本土文學的前衛出版社出版這本《遇見文學美麗島》，無論從哪一角度觀察，我都看出這是臺灣文學的一場盛會，可以說是「文學館點將，臺文系操兵」的閃亮登場，意義非凡！

這樣的里程，這樣的成績，背後的更大支撐，其實是告別了連橫《臺灣通史》式「中國舊史學」的桎梏，而啟動了「臺灣新史學」，從結構、觀念、領域、資源和行動上，有效翻轉了臺灣社會、文化、教育的價值觀所獲致的效應。這其間，經過先驅的覺醒，本土的自信，在地的召喚，社會的多元，以及局面的開展，才能交替運動，蔚成風潮。否則，臺灣的文學研究，怎樣從零到有了二十多個系所？臺灣的博物館，怎樣從「天上掉下來」的古代中

國的故宮博物院，到從「地上長出來」的生猛鮮活的國立臺灣文學館？又怎樣從日治時期「臺灣博物館」的唯一，到如今全臺總數已約五百座的各色博物館？

博物館的草創、生存和發揮，並不容易。即使僅先聚焦有公部門預算支應的國立臺灣文學館為例，必須是從零開始，歷經產品行銷、通路行銷、創意行銷、品牌行銷、城市行銷、網路行銷、學術行銷、伙伴行銷、媒體行銷、國際行銷等十大行銷策略，才能站穩腳跟，其餘民間小館，營運必然舉步維艱，若非執事者高尚其志，豈能朝氣十足？

尤其是典藏文學手稿、舊作、日記、照片和相關文件的文學類紀念館、博物館，其成本會計就是一本難念的經。一般紙類文學史料，若得不到恆溫、恆濕、恆光、無菌、無塵的照顧條件，通常終歸是逐漸損壞而化為烏有。舉國立臺灣文學館於二〇〇八年七月，出手搶救在卡玫基颱風水淹臺中地區重災下，臺中一中五千冊泡水的珍貴藏書事件為例，當時必須在一分鐘內下定決心，接著要在緊接著的黃金四十八小時內，把這批已受污染且已不堪搬動的書籍，送入能夠急速冷凍成攝氏零下三十度的冷凍庫內，完成初步急救。只有急速冷凍，結冰的水分子才會極細小，而不把原已脆弱的紙類纖維撐漲裂損，而其後更有許多衍生的後續搶救修復的步驟。這種必須在原無預算科目，又必須耗時兩三年、斥資數百萬的新增業務負荷，要不是極高的人文思維、極堅定的使命覺悟和極感人的跨界協調，即使國立大館，尚非易易，何況一般民間小館？

由於路權、交通企業契約等等的約束，我記得要為國立臺灣文學館爭取門口的公車站牌能以「文學館」取代「孔廟」時的曲折，更難忘要協助美濃鍾理和紀念館爭取公路上的標示牌時所遇到的困難。然而想起跟楊逵館、歐威館、氣象館、客家館、南投館、賴和館、臺東館、澎湖館等等的伙伴行銷，以及透過虛擬館和行動館的創意，也充滿了愉快的回憶。凡此瑣瑣，無非見證著合作的重要，和成長的喜悅！至於把臺南人原創的布袋戲劇本《決戰西拉

雅》演出、出版並英譯；把舞臺劇本《戀戀大員》演出並企圖導向定目劇；或聽到用歌仔戲演出《莿桐花之戰》，以及透過「閱讀西拉雅」的文學專題課程，積極尋求多元館際合作，帶動「西拉雅智庫平臺」的建構，以期在一九三〇、一九七〇年代兩次鄉土文學論戰，以及一九九〇年代臺灣文學正名運動之後，還能逆溯而上，企圖再度「出土」臺灣文學史上更早先的一個「文化層」，這些更是極具前瞻性的4D文學策略了！

我在臺南市教育局長任上，曾以分四年加總投資五百五十萬的經費，利用資訊中心「中央廚房」的概念，透過雲端科技，把兩三百所學校的電腦主機虛擬化，以便減免校園的人力和經費負荷，並且從此每年節省約九百萬的設備維修費用，附帶每年減少約兩千六百公噸的排碳量，相當於四百輛公車排氣的污染和暖化。相信這些經歷，也可作為其他領域群組，例如各臺灣文學系所或相關博物館的參考吧。

臺灣文學的源頭的確不是長江、黃河、詩經、楚辭，而是原住民的口傳神話。日本老歌〈可愛的馬〉，呂興昌教授覺得臺灣版的歌詞若改作〈可愛的牛〉應會更切合民情，理由也在此。

二〇〇九年十月初，榮獲一九九四年諾貝爾文學獎的日本文學家大江健三郎先生來訪南港中研院，我曾面邀他順道駕臨臺南的國立臺灣文學館參觀指教。當他問明臺文館並未典藏胡適之、林語堂的手稿時，反應轉為冷淡。我知道很多人並不了解臺灣和臺灣文學，也不了解，在臺灣，胡適之和林語堂是不待臺灣文學正名、設館，就先已各有個人的紀念館了。價值體系不同，自不必強求。

同樣於二〇一五年的此刻，呂興昌教授又引領許多臺灣人，正在奔走費神，想為寶島歌王文夏，一個必定會令人連結到他的小學同學，日治時期「港公學校」（現在的臺南市協進國小）畢業的，奇美博物館捐獻人許文龍，以及臺灣電影資深大導演郭南宏的人物，在故鄉

臺南籌設一座「文夏時代音樂博物館」了。謹以這個尚在努力追求中的行動消息，分享給本書執筆諸少年家以及各臺文系所，因為，這本書的因緣，象徵著我們的前程遠大，後步寬宏；值得大家誠懇相待，勇敢夢想！

推薦序

走尋作家原鄉，親近臺灣文學

國立清華大學臺灣文學研究所退休教授
陳萬益

這是一部以文學館為主題的旅遊書籍，專業新穎、圖文並茂，引人入勝。

由國立臺灣文學館策劃，臺灣文學系所的學生撰寫：全書包括兩個部分，「文學輕旅」，造訪二十五座臺灣文學博物館；「在地走讀」，書寫作家原鄉、創作現場和文學地景。從北到南作家的故居和紀念館舍有：林語堂、梁實秋、王文興、李榮春、鍾肇政、三毛、吳濁流、賴和、陳千武、鄭豐喜、葉石濤、柏楊、楊逵、柯旗化、鍾理和等，再加上方興未艾的地方性和特色文學館，有齊東詩舍、宜蘭、臺中、彰化、南投、高雄、屏東的文學館，明道中學和真理大學文學資料館，以及國立臺灣文學館。大概從一九八〇年代由藝文界集資推動成立的鍾理和紀念館，三十多年來臺灣社會以具體行動接納文學作為重要文化資產，並以館舍展示，成為人民生活遊藝的空間，本書已經做出較完整而美好的呈現。

文學館作為典藏和展示作家的手稿、影像、藏書和文物的空間，提供讀者親炙、想像和悠遊作家的生活經驗與生命的軌跡：鍾理和倒在血泊裡的艱辛創作、賴和為義鬥爭的精神、鄭豐喜的艱苦毅力、三毛的流浪和夢境……透過臺文書寫者的引領，可以增進閱讀的樂趣，提昇文本意義的掌握。此書在對各個館舍的基本資訊的介紹之外，作家的生平、創作的經歷

和特色、文學史的地位等都有言簡意賅的報導。更符合一般讀者需求的是作家原鄉的走尋踏查，葉石濤說：「沒有土地，哪有文學？」作家不是孤立的存在，創作不是憑空的想像，文學是土地的滋養、生活的歷鍊，其歌哭血淚都與斯土斯民密切相關，鍾理和的美濃、葉石濤的臺南府城、賴和的彰化城、三毛的清泉秘境、吳新榮等詩人群居的鹽分地帶等等，早已是旅遊的名勝地，而此書作者群以其精讀作家文本之後的實地訪視，今昔對比，即使地景地貌都已改變，真實與虛構之間的連結，也讓讀者在逼仄的現實生活中，得到瞬息的超越，歷史的深度體會。

鍾理和紀念館成立初期因地處偏僻，訪客需幾經問路才得以到達，如今館內裝修完善，館外有文學步道，臨近有黃蝶翠谷、笠山等，已經是這一個南部客家小鎮極其重要的觀光景點；二〇〇三年臺灣文學館座落於臺南昔日的州廳、市政府，而市民在多年後才真正認識這個全臺唯一的國立「臺灣文學館」，與周圍的孔廟文化園區，和別具特色的臺南小吃，一起成為市民津津樂道的話題。這些現象反映了社會大眾旅遊需求的文化層次的提昇，走馬觀花的觀光、奇風異俗的探賞、美食的品味，固然都是休閒時刻的慾望滿足，如果旅途之中多一點精神層次的慰藉，旅遊更令人嚮往與回味。

謹以誠摯的心情，向讀者推薦這一部極有創意的好書。

推薦序

作家的既往、訪者的靈光

國立臺灣大學臺灣文學研究所副教授
蘇碩斌

造訪文學的誕生地，是愛好文學者必要的儀式，為的是排解孤獨閱讀的鬱積氣滯。因為，現代人的讀書，自從印刷術出現以後，註定是一種孤獨。

捧起一首詩、打開一本小說、對著一篇散文注視，從白紙黑字之間，感受到作者彷彿就在耳旁囁囁私語。你狂笑，淚濕眼眶，或是感動莫名，久久不忍離開最後一句。你密會的那位作者，似乎在耳旁，其實遠在天邊不知處。讀書，就是這麼一種微妙的孤獨。

這樣說吧，德籍思想家Walter Benjamin有一篇名文〈說故事的人〉，裡頭分辨兩種文學形式，一種是說故事，一種是讀小說。故事由人與人口耳相傳，因此總是面對面在訴說與傾聽，於是人生美好或險惡的經驗，就一個挨一個在人與人之間流轉。這樣的世界並沒有一直維持下來。約莫就在印刷術普及以後，個人主義發達，人相信自己的力量，逐漸築起阻隔他心靈的牆，也開始需要小說，那種一人書寫、印在書本、眾人個自閱讀的文學。

我們現代的文學，應該是Benjamin成真的預言。不再要求人與人的面對面，不再珍惜經驗交流的價值。作者與讀者的感動，竟是因為人的孤獨而積累。

但是讀文學的，難免都是有血有淚的多情人，想要排解孤獨閱讀，造訪文學館及作家

館，無疑是遵循「說故事」的古法良方，值得推荐也。沒錯，回到作品誕生地去感受作家的氣場，療效確實良好，服用幾帖，能將作家的既往經驗化為讀者心胸的靈光，積鬱可消，滯氣通暢。

這時，就顯現了這本《遇見文學美麗島：25座臺灣文學博物館輕旅行》的必要了。造訪文學作家博物館，當然可以興之所至隨意推門而入品賞。誠然，親身經驗才是真正要緊的事，但是，藥引的原理相信你懂，並不是任何樹枝都可勝任「引藥歸經」之責任。同理，路上滑一滑Goo兩下，也不太能深刻體會文學誕生地的奧秘。

臺灣歷史不長，但歷經急劇的政權變化，寫作的內容卻是精彩異常。不過因為一九五〇年代以來「本土」是禁忌，臺灣文學曾經不受鼓勵，以致於，你讀的那些曾經刺痛或撫平心靈的作家或作品，一不經意就會遺落。今天能有文學博物館遍布全臺灣，是在一九九〇年代時代變遷、地方概念受到重視以後才有的事。

這本書，其實就標記了一九九〇年代臺灣文學成為專業的成果。雖然外觀只像是市面諸多特色旅遊指南的一本，但絕對不止於此。

本書作者是十餘位文青，他們撥開長期罩蓋臺灣文學頂空的兩種謬見迷霧（臺灣沒有文學？文學人人會寫？），格外珍貴。他們幾乎全由「臺灣文學系所」訓練而出，不僅熟悉文學的意義、也具有專業知識背景去考察研究，復以韻味濃郁的文筆。臺灣文學可以輕鬆自在被閱讀的今天，雖然擺不了孤獨，但已然衝出禁忌。所以我們在這樣的年代才能手持這樣的深度導覽，《遇見文學美麗島》，真的得來不易。

總論

為什麼以及還可以做什麼？——文學館網路的建構

朱宥勳

在一種極端的立場裡，「文學館」其實並不是非存在不可的。

所以我們一定要問的問題是：為什麼要有文學館？以及，文學館可以做什麼？

想像一個文學活動昌盛的國家：有質量俱佳的出版品持續產出，也有夠紮實的讀者社群和評價系統，包括各式各樣的文學期刊、媒體。在這種情況下，一名作家或一種文學流派，自然而然會在社會場域裡面佔有一席之地。但是，在過去半個多世紀以來，臺灣文學的狀況剛好與上述相反。長久以來，「純文學」對「大眾文學」的門戶之見，造成兩個本應屬於同一條光譜上的體系分裂為二，加之文學獎等因素讓「純文學」始終關起門來玩自己的，終至失去了市場上的競爭力。而另一方面，戰後的語言政策斬斷了日治時期累積的文學和思想資源，國共對抗的格局也斬斷了外省作家對一九三〇年代中國文學的認識，於是無分省籍，文學環境產生了嚴重的倒退和偏食，臺灣成為一座缺乏文學記憶的島嶼。

半個多世紀來，臺灣文學就陷在這樣尷尬的處境中：當代的作家寫些什麼鮮有人知，過去的作家寫些什麼沒人記得。在這樣的背景下，民間自發籌組的「文學館」，就變成非常重要的物理據點了。它保存了作家相關的作品、文物、手稿和部分的研究資料，雖然有時顯得寂寞，但至少讓這些文學記憶有所依恃。有些文學作品，在發表的當代不受到重視，但只要

文本和相關資料有留下來，也許有一天就能被認真的學者發掘出價值；有些文學作品，或許永遠都沒辦法受到市場的歡迎，但它開拓了文學的領域，也有必須留存的價值。於是，就在政府尚未意識到這件事情的重要性之前，民間自力救濟的產品——文學館，就適時補上了臺灣文學建制的空缺。文學館擔負了資料保存的功能，為一九九〇年代後臺灣文學研究的「出土」埋下了伏筆；它同時也具有文學推廣的功能，讓更多的讀者透過旅遊去發現在地的文學。這樣吃重、又有點互相矛盾的功能，剛好顯示了臺灣文學土壤的貧弱，在學院面向與大眾面向的雙重匱乏。

因而，一九八三年「鍾理和紀念館」的成立，才會成為臺灣文學史上的重要事件。這個由家屬、文壇眾人集資籌辦的紀念館，在無政府奧援的情況下，進行各種文學活動，也就成了嗣後各地文學館的典範。（詳情可見本書〈第一座平民文學家的紀念館——鍾理和紀念館〉一文）而從「鍾理和紀念館」和後續民間文學館的「多功能」狀態裡，我們看到的其實是文學生產體制的不完備，使得關心文學之士從這些據點出發，進行缺什麼就做什麼、能做什麼就做什麼的「補洞」工程。但在資源、人力有限的情況下，雖然心意可感，但成果畢竟還是有限的——許多工作的性質有著本質上的不同（比如，到底要全力發展典藏？還是支援學術活動？還是進行文學推廣？甚至社會參與？），本來也就難以強求由館舍一肩挑起。

而隨著人們對觀光、文化生活、文創產業、在地文化記憶的重視漸漸提昇，各地的文學館舍紛紛設立，政府和民間都有資源挹注進來了，本來是民間自力救濟的形式，現在也被沿用為政府推廣地方文化的支點。而不同的文學館，也就開始有了功能上的分化。如博物館性質，有著更強的學術和策展傾向的「國立臺灣文學館」；如以發揚地方文學特色為目的的綜合性館舍「宜蘭文學館」、「臺中文學館」、「高雄文學館」；有以作家故居為主，紀念和遊覽性質的「林語堂故居」、「梁實秋故居」。有勤辦文學推廣活動，成為重要藝文節點者

如「紀州庵文學森林」、「齊東詩舍」、「李榮春文學館」，以及以舉辦「太平洋詩歌節」聞名的花蓮「松園別館」。也有著重社會參與和社區培力的「賴和紀念館」和「鍾理和紀念館」，和著意打造「文學梅山文化生活圈」的「梅山文教基金會」，以及與「太平老街文創復興」密切相關的「張文環故居」。這樣的功能分化是比較健康的，做出差異才能專精，也才更有突破重圍的能見度。

在一定程度上，本書也屬於這一系列努力的一環，是首度以出版品的形式連結全臺重要文學館舍的嘗試。透過二十五個館舍、七條路線的訪談和簡介，讓讀者一覽三十多年來各地文學館的營運成果，也可按圖索驥，將之列入遊玩的行程。同時，本計畫也配合臺灣文學館先前所開發的「臺灣文學地景ＡＰＰ」，除了摘錄本書部分內容外，更收錄了「成大博物館蘇雪林展」、「臺大圖書館」等主題。除此之外，當前籌備中的「龍潭文學館籌備工作站」、「鍾肇政文學生活園區」也相當令人期待。

感謝國立臺灣文學館的發想和前衛出版社的執行，讓這一「文學館網路」可以具體浮現，並且作為持續發展和推進的基礎。這或也是一個契機，使單打獨鬥、各有擅場的文學館之間能互相合作，分進合擊。而除了文學館的經營成績，讀者也可注意本書各篇章的採訪與撰稿作者們，他們多是年輕世代的臺文系所學生和文字工作者，因而這些文章展示的也就不只是前賢的成就，也是文學創作和研究的生力軍之崛起，頗有世代傳承的意義。

閱讀文學館也猶如閱讀文學作品，策展如創作、館舍即文本，這本討論各個文學館舍的書，也就等於一本精巧的評論、詮釋與再創作了。

文學館並不是非存在不可，但是在臺灣特殊的環境裡，它終究是誕生了，而且多有發展良好的館舍，那就值得我們繼續思考：如何在這樣的基礎上，去做更多的事情？這現有的建制和資源，如何能發揮更大的效果？如果要投入更多的資源，應該要往哪個方向去做？

這本書所進行的初步訪查工作，或許可以成為一個起點。首先，可以趁此盤點各個文學館的人力、資源、業務狀況、經營情形、已經擁有的軟硬體能量，建構數個以地緣（比如雙北、中彰投、雲嘉南）或類別（文學類型、作家風格、擅長功能）為主軸的、更立體的跨縣市文學館聯盟。同時，文學館之間也可以在這個「聯盟」或定期會議的組織形式上，進行各種交流、提案、經驗分享，來截長補短（比如某館舍的周邊商品大獲成功，某館舍的流量突然暴增，某館舍做了一個成功的專案……而其他館舍欲仿效之時）。而在館舍內部，也可趁這個契機，將新生代的臺灣文學專業人員整合進人力資源庫，不管在活動企劃、行政工作、內容產出、動態展演、專業知識的提供或學術研究的深化……都必能對館舍的發展有所裨益。

從一九八三年，那座只籌到一小筆錢、只能先蓋一樓的「鍾理和紀念館」起，到二〇一五年資源、人力和環境都豐沛得多的現在，我們迎來的是一個有更多可能性的時代，而這一切都能從一個「文學館網路」的互相激盪開始。這就是為什麼，這就是我們能為臺灣文學做更多的一些「什麼」，我相信這座文學美麗島的文學旅程，一定會有更開闊的風景等在前方的。

目次 CONTENTS

文學輕旅

造訪25座臺灣文學博物館

生活的藝術家——林語堂故居

採訪、撰稿：劉姵均

對於生性浪漫，好奇而善感，足跡遍布全球的林語堂來說，生命中最後十年定居於近似故鄉漳州的陽明山麓，此地風清日和，人們說著好聽的家鄉的話，每一張臉都飽滿光亮，風中飄來他自小喜愛的桂花香，好像他真的回家了。

幽默大師林語堂

林語堂，一八九五年十月十日生於福建南部沿海山區的龍溪（漳州）縣坂仔村，於一九七六年三月二十六日逝世，享壽八十二歲。林先生出身於貧窮牧師家庭，自幼好奇好學，但林父對於子女的教育絲毫不馬虎，他設法籌錢，將孩子送進西方教育體系

「旅行必須流浪，否則便不為旅行」
——《林語堂幽默金句》
1

INFO

地　　址	臺北市士林區仰德大道二段141號
電　　話	02-28613003
開放時間	9:00-17:00，週一休館
門　　票	全票30元，團體優待票25元。65歲以上、6歲以下、身心障礙以及陪同者免票。全票與優待票均可折抵餐廳消費。

1. 林語堂故居外觀。（劉姵均攝）

2. 座落於仰德大道一旁的林語堂故居。（劉姵均攝）

學校就讀，而林先生最後確實也如願取得多項國外名校的學歷，包括上海聖約翰大學學士學位、美國哈佛大學比較文學碩士學位，以及德國萊比錫大學語言學博士學位。身處於時局動盪、新舊碰撞的兩世紀之交，在多項領域樹立不可抹滅的成就，他同時是文學、語言學、教育學的前行者，也是一位劃時代的發明家。

以幽默大師得名的林語堂，寫作大致可分為三個階段：一為「三〇年代」，他創辦《論語》、《宇宙風》、《人間世》等雜誌，開始發表針砭時弊的奪目言論；二為「豐收的年代」，在二戰期間旅居國外，以英文寫作，著成廣受好評的《生活的藝術》、《蘇東坡傳》，以及三部小說鉅作《京華煙雲》、《風聲鶴唳》和《朱門》，因此獲得兩次提名諾貝爾文學獎的殊榮；三為「中文寫作年代」，此時他定居臺灣，於中央社撰寫專欄，並編寫《林語堂漢英辭典》。

一九一九年夏，林語堂先生與廖翠鳳女士於上海結為連理。性格南轅

1. 林語堂將兩外孫的照片與自己童年照片拼作合照，戲稱「三個小孩」。（林語堂故居提供）
2. 林語堂故居的中西合璧建築，西班牙螺旋柱及寶藍色琉璃瓦。（劉姵均攝）
3. 中國四合院布局的庭院及魚池。（劉姵均攝）

北轍的兩人，卻因為同甘共苦，一路扶持，走向白頭偕老。先生對待夫人十分溫柔體貼，且為當年少見的專一婚姻關係。兩人育有三女，依序為林如斯、林太乙、林相如，林夫人曾抱憾未添男丁，但林先生並不介意，總和女兒外孫一塊嬉鬧，晚年甚至將兩外孫的照片與自己童年照片拼作合照，戲稱「三個小孩」。

走訪林語堂故居

踏進故居，寶藍色琉璃屋瓦、純白西班牙螺旋柱映入眼簾，如此中西合璧的建築形式，正符合林語堂一句自許自況的話語：「兩腳踏東西文化，一心評宇宙文章」。陽明山麓這幢白牆藍瓦深宅背後，曾有一段軼聞。當時蔣家禮聘林先生回臺定居，選定這片好風光，也責成臺灣第一代建築師王大閎設計草圖。可惜王大閎提交的設計稿，看在林先生眼裡總是不滿意。來來回回幾經修改，最後王大閎索性將眼光拉遠，揉雜林先生前半生旅居的地域風光，重新捏塑出具有南歐恬淡風情、又不失中國四合院美感的屋宇。意外的是，王大閎先生鋌而走險的創舉，反而貼近林先生內心的想像。

使得林語堂先生終於愛上這棟房子的主因，也可能是王大閎先生在無意之中，築出林先生求學時期難以企及的美夢。二十世紀初，出身貧寒家庭的林先生負笈上海，當時上海作為對外重要樞紐港口，洋式氣派豪宅林立，各式建築花樣競相爭奇，南歐風格也不在少數。憶起當年經濟能力不足以完成心願的窮學生日子，人生已近遲暮的林語堂先生，想必也有一絲圓夢渴望。

這是恍然隔絕塵世，可遇不可求的美夢，父親猶如再回到故鄉，一個變成《愛麗絲夢遊記》般的故鄉！他在小院子中叨著煙斗對那一小池魚沉思，他坐在陽台望著遠山、林木，心想，如果可以在園裡養一隻鶴，多好。

——林太乙《林語堂傳》

林語堂來到陽明山，宛如回到群山疊嶂的故鄉福建漳州。有如中國山水畫的嶺南風光，涼風徐徐的嶺南氣候，陽明山居民更說著熟悉的語言，恍恍惚惚，彷彿不是他回到漳州，而是漳州居民全都變得富裕健康，一個個從記憶中走出來，笑容滿面，與他一同踏入晚年樂土。

「宅中有園，園中有屋，屋中有院，院中有樹，樹上有天，天上有月，不亦快哉。」這是林先生形容陽

1. 書房展示間。（劉姵均攝）

2. 書房展示間一角懸掛著林語堂當年與張大千及錢穆之合照。（劉姵均攝）

3. 客餐廳展示間所陳設的電視機，是當年林語堂先生的一大消遣。（劉姵均攝）

4. 臥房展示間桌上陳設著林語堂先生的家庭照。（劉姵均攝）

明山宅邸的一句話。林先生享受持竿釣魚之樂，院中池子養有幾條魚，閒來無事便釣上一竿，釣起再放回，只為了閒情逸趣。他在屋中最常逗留的地方，除了亂中有序的書房，足以俯瞰臺北盆地的後陽臺也是他十分熱愛的角落。春季俯瞰純白色茶花綴滿花園；夏天即便燠熱，可以拉一張躺椅，切一塊西瓜，流涎滿口，看夕陽西下；冬天櫻花開遍山嶺，可迎風而觀；在最愛的秋天，林先生趁秋高氣爽，泡一壺好茶，與林夫人東拉西扯，閒聊外孫趣事。

除此之外，客餐廳也是充滿故事的房間。一九六六年至一九七六年，林語堂在臺期間，臨近士林雙溪地區，亦旅居著國學家錢穆、書畫家張大千，他們時不時約定良辰吉時，互相串串門子，打打牙祭。據說張大千先生會提著上好的新鮮活魚，請手藝精湛的林夫人煮出一道道精彩四川菜。林語堂先生最後長眠於後園，也是由錢穆先生在墓碑上題字。當時正值國共兩黨相爭日趨白熱化階段，臺灣處處皆是「反共抗俄」、「反攻大陸」的口號，在草山一角，林語堂先生秉持尖銳獨到的眼光，掃視島上發生的國家大事，熱烈與友人談天說地。他曾說：「我們如若得到一個能真正談天的朋友，則其愉快實不下於讀一本名著。」

只是，林語堂曾經遊走過的地方那麼多，又為何選擇在臺灣定居？除了其飽涵赤子之心、自由奔放的胸懷，最重要的必然是語言的緣故。林語堂先生曾說：「初回祖國、賃居山上，聽見隔壁婦人以不乾不淨的閩南語罵小孩，北方人不懂，我卻懂，不亦快哉！」（〈來臺後二十四快事〉）人類對於語言的信賴與依傍不證自明，看在堂堂語言學家林語堂先生身上，又是一件令人莞爾的趣事。林先生尚有一件「不亦快哉」的妙事，是一九六九年，金龍少棒隊赴美為臺灣勇奪第一座世界少棒賽冠軍。那一刻，光榮影像自家中客廳的傳統電視機放映出來，徹夜未眠守在電視機前的林先生，心中的孩童頓時忘卻自己已然年老的軀體，忍不住跳了又叫，叫了又跳，難以平復。

置身於如今重新修繕後的林語堂故居，或感受先生晚年生活的恬淡自適，或漫步於客餐廳、臥房展示廳之中，從泛黃古舊的相框、女兒贈送的附放大鏡檯燈、故宮致贈的複製鼎、鳳大林小家徽等充滿記憶的微小物件，感受其愛妻愛女的深邃心境。在臺十年，也是林語堂先生「享受人生中之至善果實」的珍貴時光，即便晚年遭逢喪女（林如斯）傷痛，當女兒問起父親，人生所求為何物，林先生仍然回答：「人生是為找尋快樂。」

林語堂出生於動盪不安的一八八九

4

3

五年，他親眼目睹中國的頹喪與分裂，觀臨新文化的誕生和舊時代的崩解，回顧少時，他滿腔熱血，夢想發明「不學而能」的打字機和輸入法，撰寫一本漢英對照的字典，願中國能重振雄風；中年的他已完成一半夢想，並且揚名國際，四處演講，成為國際會議中人人爭相結識的名士。如今我們走進他的住所，想像迎向古稀之年的他生活於此，已經悟出人生有如四季輪替的智慧。正如同《生活的藝術》所展示：「這世界中再沒有比一個壯健而智慧的老翁更美麗，他有著紅的面頰，雪白的頭髮，以通曉世故的態度，用和藹的口氣，談著做人的道理。」

「有不為齋」的書房雅號，仍懸掛於他居住十年的住所，林語堂先生走過人間的步伐，有深有淺，有輝煌成就，也有無法彌補的憾事，有對於基督教的背離，也有生命最終的大船歸港。正如他所說：「人生真是一回夢，人類活像一個旅客，乘在船上，沿著永恆的時間之河駛去，在某一地方上船，在另一地方上岸，好讓給其他在河邊等候上船的旅客。」我們踏入故居的同時，也踏上一艘林語堂先生曾搭乘過的大船，逐波前行，往前是一代哲人的傳奇生命經歷，往後是他身後留下的一幢臨山而居的深宅、一座四季燦爛的花園、一池悠然自得的魚。午後時光，不妨在園中信步向前，安放一束花於墓前，恍然明白林先生字裡行間的哲思。

林語堂故居的創立

一九七六年林語堂先生逝世於香港，依其遺囑移靈，長眠於臺北故居後園。林夫人廖翠鳳女士捐出林語堂先生藏書、著作、手稿及其遺物，臺北市政府為紀念林語堂先生的文學成就，於故居成立「林語堂先生紀念圖

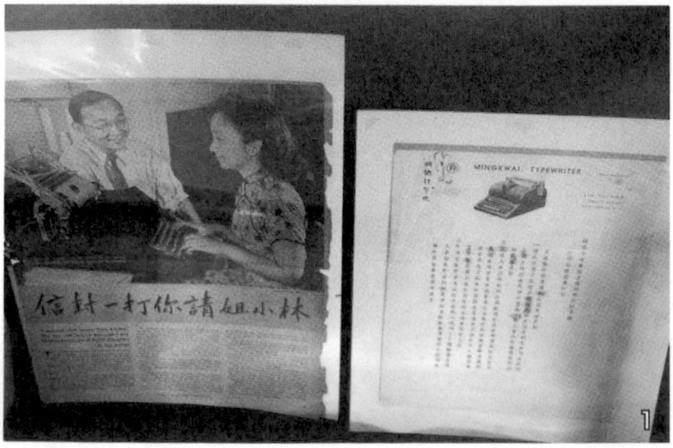

1. 林語堂先生當年設計出中文打字機的報導。（劉姵均攝）
2. 客餐廳展示間。（劉姵均攝）
3. 臥房展示間。（劉姵均攝）
4. 林語堂家族鳳字家徽，取自其妻廖翠鳳之名。（劉姵均攝）

書館」，並於一九八五年正式對外開放。其後，臺北市政府文化局成立，以名人故居與其精神之方向規劃，由佛光大學取得經營管理權，於二〇〇二年全新開館，成立「林語堂故居」。二〇〇五年，再由東吳大學接受臺北市政府文化局委託經營林語堂故居至今。

林語堂故居空間劃分為閱讀研討室、書房展示間、臥房展示間、客餐廳展示間，以及有不為齋餐廳。每年皆會定期舉辦教育推廣及文化活動，包括：四月份潤餅節、七月份週末語堂藝文講座、八月份小和樂大冒險親子巴士、九月份林語堂文學獎、十月份京華煙雲月等活動。

2

4

3

從歷史深處中走來——梁實秋故居

採訪、撰稿：蔡綉敏

一條人跡罕至的道路

一圈黃光照著腳下許多沙泥石徑，人們營營踏逐日光，雲和街上的屋舍格出一方慢擺的世外桃源，漫漫長月回頭牽望。一九四九年，隔著一道淺淺的海峽，梁實秋自中國風塵僕僕抵臺，他集散文家、翻譯家、評論家、學者及教育家於一身，筆耕不輟，結實纍纍。可歷史是對他怠慢的，乘桴浮海一路顛頇走來，他與左翼文藝運動不和諧的步伐牽絆了他的前半生。

在政治意識敏感，階級鬥爭鬧得風風火火的年代，他並無意否定任何與抗戰有關的材料。但此番言論隨即引發諸多左翼文人的不滿及撻伐，而

1

與左翼文人的鬥爭尚未平息，一篇評論盧梭的文章又引發文學的人性及階級性的文學立場爭論。如此數年，激烈程度之大，遂成為中國文學史上重大思想論爭「公案」之一，甚至為他貼上「喪家的」、「資本家的乏走狗」的頹灰標籤。

他無非是愛好文學的。他所意識的文學並不屬於一個時代，而是屬於整個的時代。因為傾傾叮叮落在他肩上的不僅是一個文人對於時代的責任，文人必須有所自覺，文學不是工具。他是極早便明白的。

許多人看他，說他頑固。當然他傲氣，卻也彬彬有禮，理性高雅的品德在歲月搖得晶瑩，他所追求的那些恆常的、廣泛的、和諧的價值觀移至今日且觀，確然地是一位溫厚優雅、理性而穩健的文學家。只是在民族主義燃起熊熊野火之時，如何才能擁有普遍而理性的人性？一條人跡罕至的道路，顯示眾人與他的距離，想必就是這樣區隔開來的，無比巨大且纏繞一生。不過他始終高舉著人性的那盞燈，灼灼不滅，我由此感覺到他的一雙大手由過去時空突伸出來，透過衣面而穩住我的身背，一個時代的傴僂，他挺直了腰桿給走了過來。爭議聲伴隨時代的風，都將成為過往雲煙。

留下的依然是梁實秋

在師大任教期間，他與妻子程季淑及小女兒梁文薔一同在雲和街上的

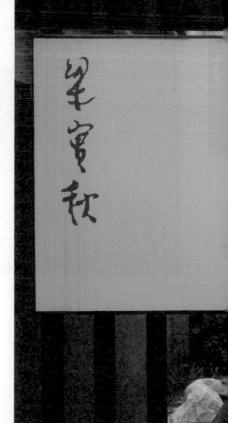

1. 梁實秋故居圍門前的立板。（林莉亞攝）

INFO

地　　址	臺北市大安區雲和街11號
電　　話	02-23634598
開放時間	11:00-17:30，週二與國定假日休館
門　　票	50元（附贈明信片或棉襪）

故居度過了聊賴而又甜美的日子。一待便是七年。一家人居住於雲和街上的時光，正是梁實秋教學、寫作與翻譯的一段巔峰。現今的雲和街上外頭一排貼著他《雅舍小品》中典雅而雋永的文章，雅舍二字門牌引人神往。我隨即將行囊款擺上身踏進這典雅又紳士般的居所，一推開門後方見庭院綠蔭雅緻，援用當時的文化瓦與檜木磚牆，幾乎複製往前庭院的碎白石以及植栽，而外面栽種的梔子花與蘭亭竹，隱隱遮蔽住旁邊新大樓的風景，使故居有了份自成一格的幽靜祥和，兼具西式接待空間及日本和室的內部構造，約一層樓高的「和洋折衷建築」，其外寬敞自適，其內瑰麗溫香。

卸下足履後進入屋內，沿著玄關上望，一大片透明玻璃映照室內的光影躍動，牆上所掛著的展板展示梁實秋先生在師大的種種回憶。大廳逐字播放著他唸給幼小孫子的錄音，聲音

2

1

1. 屋舍所掛置的雅舍門牌。（林莉亞攝）

2. 展板上展示梁實秋於師大教學的留影回憶。（林莉亞攝）

3. 梁文薔女士提供父親梁實秋先生講述西遊記的錄音檔，內容極為生動有趣。（林莉亞攝）

3

慈祥柔和卻鏗鏘有力，飯廳改造而成的書房整潔地放置書籍，在旁的茶室也舉辦多種茶席課程，空間上充滿了典雅的傳統茶韻。走進文創區，除了味甘稍苦氣味渾厚的臺灣茶以及手作瓷器外，館舍還以梁實秋先生在《雅舍談吃》中所談及的多種食物設計文創商品，諸多文創周邊小物也以其文字作為文案或標語，創造令人莞爾一笑的創意趣味。

此外，這裡也提供場地給年輕的設計師作為推廣及販售的平臺。空間內舉辦各類藝文活動，有鑑於梁實秋先生十分注重教育，故居遂辦理多場英語寫作及單字記誦的課程，也辦理多場莎士比亞相關講座、與臺灣的傳統文化相關的體驗活動，另提供場地租借，同時舉辦梁實秋文學獎及音樂會募款活動。結合文物利用空間，呈現了梁實秋先生在此的種種生活細節，作為文化推廣的平臺，提供閱讀，混雜著茶香、琴聲，充滿濃濃藝文氣息，在保護文物的基礎上，也達到典藏觀光的效用。此居是他在臺灣的居所中至今唯一僅存者，修復後成為師大深具人文歷史的重要地標之一。於是人們熙攘地來到這裡，非關風月的，彷彿在他有過記憶的家常中，感受他曾灌注於此的溫度，深深淺淺的，滲透肌理。

一九八七年梁實秋辭世，雲和街上的故居在二〇〇三年由臺北市政府市政會議通過，經公告登錄為歷史建築；並於二〇一二年起開放參觀，所有來到故居的人們，都頌揚著他對文學的堅貞及對教育的熱情。

文學路上總有多情文人

「多情文人」，我這樣稱他，許多人也這樣說他。他的確是多情的，他的多情展現在對世間的所有萬事萬物上，他愛透過窗間便可望見的那棵麵

1

2

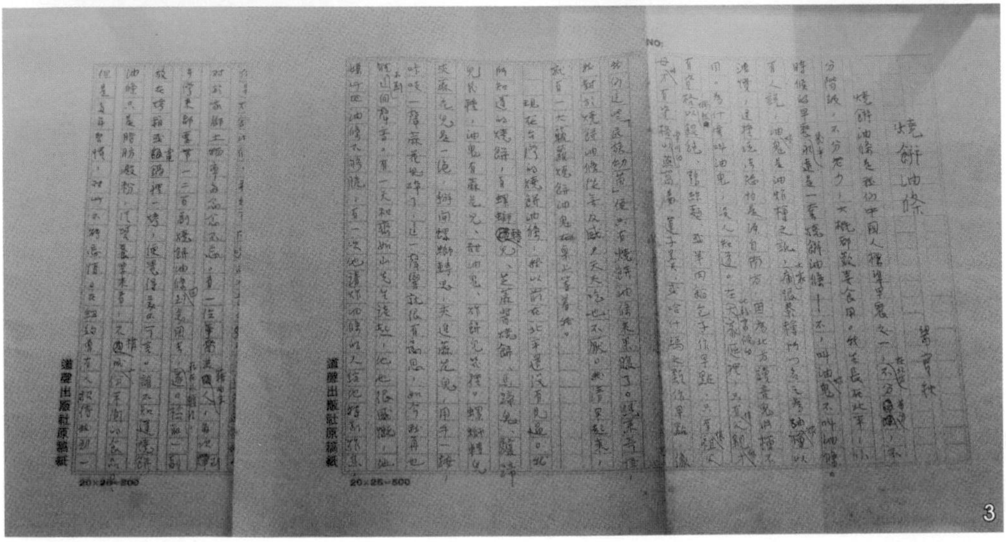

3

1. 故居內部空間。（林莉亞攝）
2. 茶室空間典雅舒適。（林莉亞攝）
3. 客廳內展示梁實秋先生的手稿，每隔一段時間館舍便會進行更換。（林莉亞攝）
4. 梁實秋書房，如今多擺設相關書籍供來者翻閱。（林莉亞攝）
5. 文創商品展示區。（林莉亞攝）

包樹，對它離情依依、戀戀不捨，離別時對它頻頻回顧。對他而言，樹雖是活的，可根就扎在那裡，永遠不受顛沛流離之苦，那片有著麵包樹的風景最終留在雲和街上，所有來訪的人見它，不由得都會想起一代文學大師對於這棵樹的多情。想必他是寄情在這棵樹上了吧，才會這樣情長。

有些風景即使花開花謝，人事已非，他猶一生牽掛懷念，如同他對與之結褵的元配夫人程季淑的絲絲純情。程季淑於一九七四年逝世，葬於美國西雅圖之槐園長眠千古，梁每日身處墓園回憶既往，在長達六萬多字的長篇散文《槐園夢憶》中，表達了對亡妻的心傷思念：

死是尋常事，我知道，墮地之時，死案已立，只是修短的緩刑期間人各不同而已，但逝者已矣，生者不能無悲。

寥寥幾語，悲不自勝。同年十一月，他遇見風姿綽約的歌星兼影星韓菁清，在一片譁然聲中與她相戀結髮，共度黃昏之年。如今在故居大廳所放置的兩本相本中還留有兩位夫人的容貌手采，一生中的兩個女人陪伴著他走過荊棘般的文學之路，路很長，也很短，他是多麼希望永遠也走不完。

所謂的雅舍在戰火中難得可貴，但在臺北城南，更別有一番風味的可愛。由師大路的藝術公園出發，彎進雲和街巷弄間，在新舊交雜的市井中有托兒所、餐廳、洗衣店、咖啡廳、學校、民宅遍布，充滿日常的況味，體驗臺北平實又可愛的巷弄生活。比鄰的還有溫州街口臺大教師宿舍、殷海光故居。殷教授曾任教於臺大哲學系，當時被政府打壓，幾乎算是被半軟禁於家中，家屋雖小，但庭院甚廣，他遂將所有的抑鬱抒發在庭院

1. 放置於大廳內的相本，展演梁實秋的精彩片刻，以及與兩位夫人的情感點滴。（林莉亞攝）
2. 故居外圍長排藝文迴廊。（林莉亞攝）
3. 書房後院景觀。（林莉亞攝）

中。他的夫人猶愛造景，庭院相當漂亮，而舊香居書店、青田七六、齊東詩舍都是保存較為完整的老日式建築，紀州庵文學森林則經常辦理文學講座，可待至暮色沉落再緩緩歸去，走遠一點還可以見到劉真校長的故居。這裡就像是文人的聚集之處，蓬華生輝，懷揣著諸多歲月情事，嚴實地藏在每個來經此處的人心中，整條街上盛載著世人對於他們的切切思念，一年復一年。

七月的風泛著香，沾染一點金光，將空氣給染得舊黃了。離開梁先生的故居前，從外面回頭望它，窗壘其間樹影幢幢，故居因而有了隱熠的光彩，麵包樹已經長得比屋子還要高，為它遮蔽烈日，卻不阻擋陽光，陽光一片片灑進窗扉內，亮晃晃的，裡頭人影走動繁沓，彷若一切都在從前。

時間不曾走開，雅舍案前的一杯茶，依然清香。

文學的水岸——紀州庵文學森林

採訪、撰稿：印卡

1

兩次祝融之災

沒有人知悉火苗從何處竄升而出，火焰劈劈啪啪地穿梭樑木的纖維，像時代無情地通過。一九九六年紀州庵三層樓高的本館焚毀，一九九八年招待VIP的別館再遭祝融，通往新店溪的建築主屋在灰燼之中如今已不復見，僅剩紀州庵當初規劃長型宴會空間的離屋被保留下來。

紀州庵的故事

位於同安街底，這座在日治時代作為當時料理屋八家之一的紀州庵，是由日本平松家族在臺灣開設，本店首先開在西門町，而後才在這裡開設支店，當時專門接待日本客人，以招待達官顯要

1. 紀州庵外觀。（翁智琦攝）

2. 離屋現況。（翁智琦攝）

INFO

地　　址	臺北市中正區同安街107號
電　　話	02- 23687577
開放時間	新館：週一至週四、週日10:00-18:00 週五、週六10:00-21:00，週一休館 古蹟：週二至週日10:00-17:00，週一休館
門　　票	免費參觀

為多。一九三四年，新民謠運動正風行日本帝國各地，當時有一同人組織鄉土歌謠研究會「若草會」就在此舉辦，招待日本詩人北原白秋訪臺。

日治時代，料理亭時期的「紀州庵」位置鄰近新店溪，正是當時的「川端町」。現在中正橋（舊稱川端橋）的位置，過去曾有一處津渡，於清光緒十八年時改為義渡，一直都是擺接地區至臺北府城的交通孔道。一九三七年川端橋建成以前，「紀州庵」本館往西方望去，都還可眺望舟船來往的河景。房慧真的〈河岸生活〉就曾這麼寫著：

> 在我居住的城市裡，海邊恆常是堤防外的風景，從市中心「看見」河流並不是一件容易的事。必須先來到城市的邊沿，找著越過堤防的陸橋，好不容易攀過水閘門，還要穿過極其寬闊荒蕪的河濱公園，繞過幾個乏人問津的籃球場，踩過城市

農夫零星栽種，也許自耕自食的菜圃，最後，撥開與人等高的菅芒花，淤積已久的土腥味傳來，終於來到水邊。

然而此般風景，在日治時代可是大大不同。

至於「紀州庵」一名的由來，則是由於一八九七年隨日軍到臺灣經營餐飲事業的平松家族，其本籍在日本和歌山市，當時的和歌山市屬於紀州藩蕃廳，平松家族也因而以「紀州」為名。至於「庵」字的意思則是「以茅草作屋頂的房屋」——事實上，目前記載的紀州庵建築群，在一開始只不過是茅草屋，後來經過兩次翻修，直到一九二八年時才建成三棟完整規模的建築。根據紀州庵經營者平松德松的兒子口述，當時除了餐飲事業，德松更設計了所謂的「遊船套裝行程」供人遊憩。當時的遊船是搭乘可容納約二十五至三十人的屋形船在溪河上進行的，船上吊著燈籠，除了船伕更有隨行服務的侍者。這些行程有時是賞景釣魚，有時還會安排沿溪泊岸的活動，可見當時在此鄰近水文而發展出來的休閒文化著實豐富。除此之外，通常船家會在客人面前捕魚，並且還有隨行廚師可以幫忙料理現撈的魚貨。

離屋饗宴

紀州庵的經營，在一九四一到一九四五年間曾一度中斷，由於太平洋戰爭開打，紀州庵暫停營業，作為安置傷患的場所。而今天僅存的離屋，在當時是為了舉辦大型宴會所建，內部是一個約六十疊大小的長型宴會空間，兩側有約一公尺寬的緣廊。旅客於今如果脫下鞋走進離屋，細心觀察目前離屋的收藏，仍可發現當時遺留下來的員工假單，上頭寫著員工的休假事由。而紀州庵周邊的水文文化在一九四九年國民黨政府遷臺過後並未消退，新店溪仍然是當時重要的休憩場所。一九五〇年代末，溪邊的茶館歌場紛紛蓋了起來，露天電影院、情人茶座或是蒙古烤肉，都可說是當時最流行的休閒活動了。焦桐在〈蒙古烤肉外一章〉寫道：「蒙古沒有『蒙古烤肉』，臺灣才有……臺灣的『蒙古烤肉』是相聲演員吳兆南所創，一甲子以前，吳兆南與幾個退休老兵在螢橋旁、同安街底，創立了『烤肉香』，是臺灣蒙古烤肉的發源地。」真有賴焦桐的詳盡考據，原來不只牛肉麵，就連「蒙古烤肉」也是一項在臺灣被發明的傳統。

戰後移民與《家變》

紀州庵在一九四五年後成為省府員工眷舍，王文興八歲的時候就隨任公職的父親搬入，日後以此為場景寫出《家變》，其中有段文字這樣寫著：

1. 紀州庵河岸。（翁智琦攝）
2. 員工假單。（翁智琦攝）
3. 日式長型宴客空間。（翁智琦攝）

3

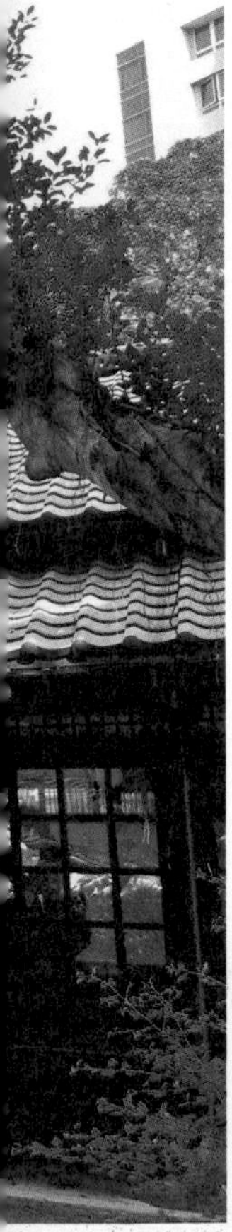

1. 2. 紀州庵走廊。（翁智琦攝）

3. 紀州庵廊外一景。（翁智琦攝）

4. 紀州庵大廊。（翁智琦攝）

> 他們底家是一座矩形平舍。他初入時覺得像火車長車廂一樣。這屋舍共有兩間寢室，室前隨有一道大廊，廊前一排落地玻璃溜門。室後還有一條細窄走廊，廊邊是兩扇玻璃正窗，外邊有兩棵桂花木。

然而，據說紀州庵當時就擠了幾十戶人家，而每一戶窄仄的空間還可能擠著十多人。現在看起來，在屋頂鋪著品質很好的日本黑瓦，屋脊尾端以鬼瓦裝飾的空間之下，我們很難想像當時的戰後移民是如何移居於此。在這一圈緣廊環繞著約三十坪的長形空間，內壁材為古意盎然的白灰壁，外壁材則是雨淋板加垂直壓條，建築特徵基本上沒受到多少破壞，可見當時戰後移民倉促遷入，索性直接在舊有建築釘上木板，快速分隔出各戶獨自空間的情景。從同安街底望去，這裡的住宅空間就像王文興在〈欠缺〉中所寫的：

> 同安街是一條安靜的小街，住著不滿一百戶人家，街的中腰微微的收進一點彎曲，從盡頭通到灰灰的大河那裏。其實若從河堤上看下來，同安街上沒有幾個行人，白的街身，彎彎的走向，其實也是一條小河。這是我十一歲那年的安靜相

貌，以後小型的汽車允許開到這一條街來了，便失去這份寂寞了。

現代文學的奮起

因緣際會，一九五〇年代後，從紀州庵延伸到廈門街、牯嶺街一帶，開始出現了現代文學的社群，在這地區當時有《藍星》詩刊、《文學雜誌》、《國語日報》等報刊，與純文學、洪範、爾雅等出版社，再加上余光中、林海音等文人就住附近，堤岸旁的「中國文藝協會」更是人文薈萃之處，這裡於是逐漸形成了臺灣文學發展的重要區域。爾雅與洪範曾在王盛弘的〈點睛〉一文中這樣被敘述著：

爾雅、洪範同在一條巷子裡，洪範臨著牯嶺街，樓下便利商店，那等於是個不虞匱乏的廚房了。坐牯嶺公園仰眺，可以看見便利商店上二樓極簡樸，鐵窗上終年吊一支鏽色

空衣架，上班時間長年開一扇門扉，
黑洞洞的，但因知道是洪範，便有了
山不在高的領悟。想必那裡也跟爾雅
一樣，以一種家庭手工業式的虔敬，
孜孜矻矻為臺灣文學添薪加柴。

其中提及「家庭手工業式」的出版方式，也許是指九〇年代洪範仍採取鉛版印刷，直到一九九七年才改用電腦打字。在這裡，或許亦可見臺灣出版產業與文化事業的一頁縮影。

文學森林的綠色呼吸

如今的離屋之所以在二〇〇四年被臺北市政府評定為市定古蹟，可說是臺大城鄉所與民間力量共同推動的成果，並在市政府規劃下於二〇一三年開始修復，在二〇一四年完成整修開放。而在離屋一旁加蓋的「紀州庵新館」早於二〇一一年開館，目前委由財團法人台灣文學發展基金會營運管理。新蓋的三層樓新館一樓以書

1. 紀州庵新館。（翁智琦攝）

2. 紀州庵小舞臺。（翁智琦攝）

3. 4. 紀州庵壁畫彩繪一景。（翁智琦攝）

2

4

3

店為主，旁邊有文學茶館提供茶飲簡餐，二、三樓則是座談空間、展場與講堂。書店旁的空間，長期有文學、藝術展覽進行。同時，紀州庵文學森林也定期安排駐館作家，並舉辦許多與讀者互動的演講或是座談會。

新館戶外空間旁，有著紀州庵邀請藝術家潘羽祐與鄰近的河堤國小學生完成的壁畫彩繪，呈現小朋友眼中的河岸與城南印象，讓紀州庵的社區記憶更為豐富。紀州庵離屋旁入口處大樹後方則建有木質的小舞臺，上面的桌椅是利用回收的圍牆木材再改造而成。在夏天時，榕樹林圍繞的離屋相當涼爽，走進離屋內，另一側長廊所面向的綠地，使人放鬆心情。紀州庵除了是臺北市第一座文學空間之外，它所具有的懷舊老房氛圍，以及周邊臺北市南村地帶難得的綠地，值得假日有空的時候來走走，享受文學與綠色生態共同交織的新店河岸風景。

詩歌的復興基地——國立臺灣文學館齊東詩舍

採訪、撰稿：印卡

齊東詩舍的前世

穿越時空隧道，目前齊東詩舍的現址，亦即齊東街日式宿舍群被保留下來的位置，在十九世紀末還是東門外廣袤的田野。越過一丈八的東門牆高，再往東走幾步，在當時不遠處有條由郭錫瑠建造，而後經過重修的渡橋。自從渡橋於十八世紀中期建成以後，附近區域就被稱為「三板橋庄」，齊東街的舊稱「三板橋街」也就由此而來。三板橋庄一帶散布著零星的住家，在四季變換下，這裡有著田野與溪水交替的景致，《臺灣堡圖》記載著那水源是來自經過此處的霧裏薛及瑠公兩條名埤圳。之後，隨著日治時期的到來，伴隨著殖民的現代

1

化，臺北地區的「市街改正」開始啟動，這堪比日治時期都市計畫的城市建設工程開始改變了三板橋庄。到了大正九年（一九二〇年）接著實行的「町名改正」，將此處從原野變換成住宅，當今齊東詩舍所處的位置，在日治時期很快就發展成為幸町的一部分。

日治時期市街改正的實行，使得臺北城內的住宅空間開始變化。由於大多數政務與技術人員被安置在清末的衙署，加上臺北城內東門與南門地區興建大量和式建築，各種公共機構開始向城外改正後的土地擴張。醫學專門學校（今臺大醫學院）、高等商業學校（今臺大法商學院）、第二中學校（今成功高中）、工商學院（今開南商工）或是第二高等女學校（立法院）成為了幸町當時學校街的景觀。寫下〈植有木瓜樹的小鎮〉的龍瑛宗當時就曾經以最高分考進了高等

INFO

地　　址	臺北市中正區濟南路二段25、27號
電　　話	02-23279657
開放時間	10:00-17:00，週一休館
門　　票	免費參觀

1. 齊東詩舍入口。（翁智琦攝）

2. 齊東詩舍共有濟南路二十五號與二十七號兩處館舍。（翁智琦攝）

1

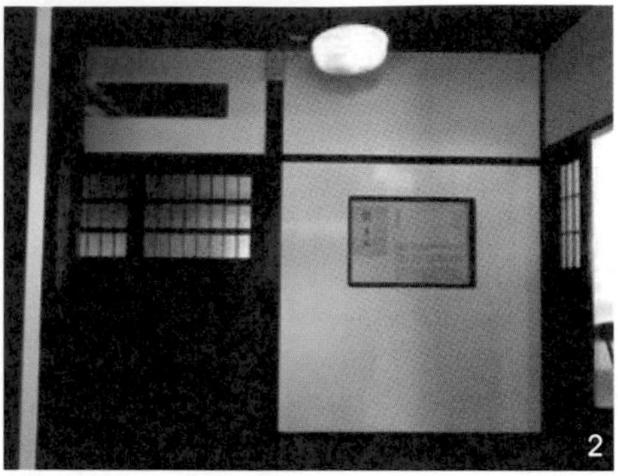
2

商業學校，這也是小說角色陳有三就讀的學校。在高等商業學校再向東行，就是如今齊東詩舍所處的幸町宿舍群。而齊東詩舍是一九三六年變更地目，由蓬萊不動產株式會社所逐步建成。

齊東街的日式宿舍與老樹群

齊東詩舍的保留可說是起於二○○○年，在當時，由於日治時期的日式宿舍受到臺灣銀行進行土地與建物之處分，而與此同時，臺北市也開始了老樹的保存運動，特別是在二○○二年十二月，齊東街附近的幸福里里民發起了日式宿舍與老樹的就地保存運動，齊東街日式宿舍群以及守候在後方齊東街那一帶臺北市區內密度最高的老樹群，也才因此得以獲得保留，並被劃設為「臺北市中正區齊東街保存區及聚落風貌保存特定區」。而座落於五十三巷十一號，現為臺北市市定古蹟的臺北琹道館，就位在這片「微笑齊東街」保留區的中心位置，在政府與民間的共同努力下，齊東街日式宿舍群的老樹、琹道館的白蠟樹、柿子樹掩映的綠意才得以保留。

走進日式空間

齊東街日式宿舍群原先是為了安置周邊文教區職員與官員而建，戰後國民政府來臺，同樣將此宿舍作為核心官員的宿舍。例如二十五號建築自一九四六年到一九九五年間，一直都登錄在中央銀行委員周彭年名下，而二十七號建築則是臺灣第一位空軍司令王叔銘將軍之住所。然而，這兩棟建物不僅是因為參考日式官員宿舍第四級「高等官舍」規制興建而有相當的代表性，其最大的特色莫過於單棟建築開放式、背對背庭園景觀的設計，創造了都市開放與公共化的凝視空間。

如果可以從高處俯瞰，會發現這兩棟建築基本上是屬於「寄棟造」屋頂，覆蓋著黑瓦，在屋脊末端以鬼瓦收邊，而建築主量體採四面坡屋面構成，有著英式雨淋板外壁。就實際的生活空間來看，這兩棟建築為和洋折衷風格，有兩個入口，正門迎賓，側門是生活入口。其中最有洋味的就是玄關進入的應接室，有木作的玻璃門扇，而且其天井並不是傳統日式的竿緣天井或是格天井，而是由西洋井設計取代。想想當初住進職員宿舍的日人員工，其實也是在一股現代化的風潮中入住吧！在整個建築的修復過程中，駄箱、床之間、床脇、附書院、戶袋、雨戶、配餐窗、掃出窗都被保留了下來，在二十五號建築尤其完整。

如果沿著阿勃勒樹漫行走進二十七號建築，可以看到當初王叔銘將軍入住之後對整個空間所進行的更動，包括後來增建的磚造建物，以及活動座位往下挖沉的座敷區域，目前均開放作為演講、戲劇展演的空間。

3

4

1. 臺北琹道館入口。（翁智琦攝）
2. 玄關進入的應接室有木作的玻璃門扇。（翁智琦攝）
3. 「寄棟造」屋頂側面。（翁智琦攝）
4. 二十七號建築參觀入口。（翁智琦攝）

齊東的人文風景

齊東詩舍除了是難得一見的日式文官宿舍群之外，它所座落的戰後濟南路一帶也正是文人匯集之處，例如詩人紀弦就曾住在距離不遠的齊東街與濟南路二段交街口的成功高中宿舍，當時掀起現代詩運動的《現代詩》季刊也設址於此。曾經無黨無派獨立經營的《自立晚報》也在附近，位於濟南路二段十五號。正因為這樣的地緣關係，齊東詩舍以詩歌與古蹟的結合成為詩歌復興基地，為古蹟活化再利用增添了更多人文地理的思維與詩意。

目前齊東詩舍有「詩手跡」的展覽活動，展出國立臺灣文學館所典藏的詩人手稿或其他文類作家的詩作手稿。在二十五號建築之中，又再細分為「臺灣古典詩之美」、「詩跨越語言」、「詩無限界」、「Formosa 詩的臺灣組曲」以及「周夢蝶紀念展」等

展區。來到這裡，除了豐富的展覽內容外，還可以多加留意日式建築的格局設計，無論是招待客人的場所，或是重要的展示區域，每一個空間都有其獨特的功用與意義。如果細心觀察，會發現建築本身的空間次序與各主題的展示位置，似乎有著幽微的權力關係，參觀的時候不妨細細觀察或詢問導覽人員，也許會有額外的發現與體會。

而在展覽之外，二十五號建築因為保留了日式的原始格局，在長廊上望向庭院，可一窺東洋靜謐的瞬間。事實上，日式庭園的設計往往就有著一種對宇宙觀的想望，在其中又呈現著人之渺小的哲學觀點。除了觀賞建築物所沉澱的歷史痕跡、詩歌手稿的記憶之外，也許在這難得的綠色空間中，一個人也可以好好享受都會難得的人文氣息，品味空間與詩歌共譜的生活美學。

1. 二十五號建築有王叔銘將軍大事紀與影像記憶。（翁智琦攝）
2. 內部空間一景，可見活動座位下挖的座敷。（翁智琦攝）
3. 展覽陳列周夢蝶作品。（翁智琦攝）
4. 詩人手稿展示空間。（翁智琦攝）
5. 二十五號建築的日式庭院。（翁智琦攝）
6. 二十五號建築內部空間一景。（翁智琦攝）

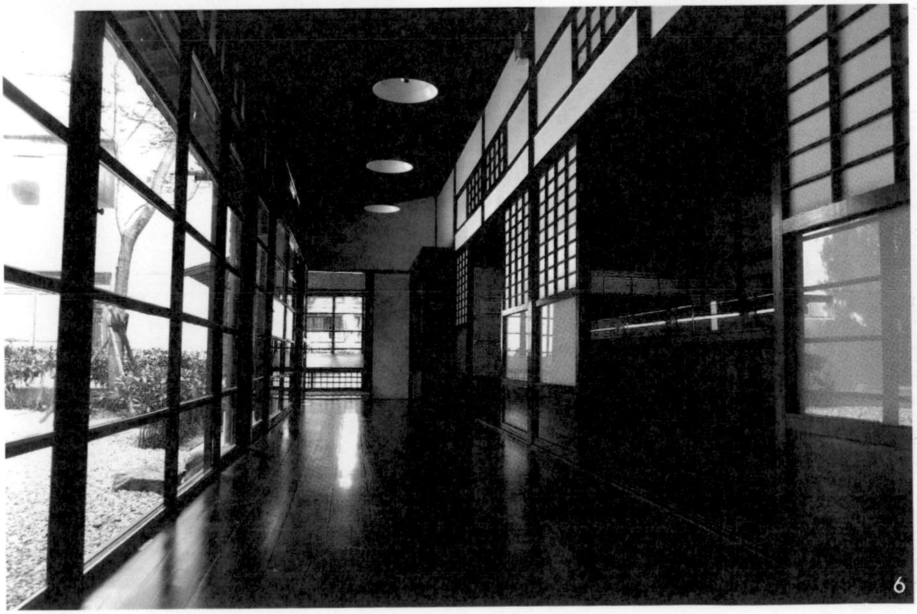

蘭陽文史的悠悠徐行——宜蘭文學館

採訪、撰稿：呂焜霖

在宜蘭，讓心慢下來

「世界越快，心則慢。」這句電信公司的廣告詞告訴我們，在高速網路通訊的時代裡，人的生活也許能更加從容。你看見鏡頭下的金城武戴著職人手作眼鏡、聽唱盤，或是對鏡梳油頭，下個鏡頭再整裝，提筆寫字，或以打字機敲打著：「take time, slowly」然而現實生活裡，難道不是網速越快，心卻更難將息？在追趕跑跳、庸庸碌碌、被速度決定生活感受的日常裡，或許我們該問的是：「世界越快，心何慢？」

該怎麼讓時間慢下來？又如何能讓心，慢下來？

廣告中，金城武在日式老屋裡觀雨、品茗、揮毫，最終著帽而出，持傘緩步入雨中。那老式生活的場景，充滿著現代人對「慢」的欲望，以及對文青生活的自我想像，創造嚮往。如果你也因而起心動念，想要慢下來，更想要尋找一處能讓身心舒緩沉澱的地方，重新體會一首詩的節奏，那就來宜蘭吧！來宜蘭走入老式生活

1. 宜蘭文學館側面步道外觀。（鄭清鴻攝）

INFO

地　　址	宜蘭市舊城南路縣府二巷19號
電　　話	03-9324349
開放時間	週二至週日9:00-17:00 週一、農曆除夕及另行公告日期休館
門　　票	免費參觀

的場景，也走進這裡獨特的藝文氛圍中。

然而，倘若來到此處，只是要尋找廣告中的文青身影，未免可惜。因為這裡並不只是理想生活的投影而已，那些望雨、逗鳥、品茶的場景與氣氛，以及勾引而出的文學感性，正是「宜蘭文學館」自有的質地。而在這懷舊的空間紋理中，如果能找到品味自己、品味在地的方式，你也是「慢活」的最佳代言人。

舊官舍，新利用

「宜蘭文學館」位於「舊宜蘭廳官舍區」內。該園區原為日本人的公務宿舍群，建於一九〇〇年初期，依照官階分等，計有十六幢大小日式建築。不過時至今日，僅包含目前宜蘭文學館在內的三幢建築被保存下來。其一是文學館建物，建於一九〇六年，於一九二六年設立「宜蘭農林學

1 宜蘭文學館入口，訪客亦可由此直接入館。（鄭清鴻攝）

2. 宜蘭農林學校到了戰後，更名為宜蘭農業職業學校，昔日宿舍掛牌保留至今。（鄭清鴻攝）

3. 4. 館舍間的通道紅磚牆上，設有宜蘭作家描寫在地物事的透明展示板。（鄭清鴻攝）

校」之時作為校長宿舍，老舊宿舍在二〇〇四年重整修復後，一度作為音樂館使用，展示多樣樂器，如今則是委外經營，成了供應輕食茶飲，並定期舉辦藝文沙龍的文學空間；其二是「宜蘭設治紀念館」，融合了日式與西洋古典建築的形式，是和洋式混和的屋舍，最初是作為「宜蘭廳長官舍」使用，是宜蘭廳長居住、宴客的場所，現作為宜蘭開發歷史的展示空間；其三則是「九芎埕人文空間」，原先則是「舊宜蘭廳庶務課長官舍」，現委外經營成了餐廳。

在「舊宜蘭廳官舍區」內，除了建築可觀，宜蘭縣政府文化局對於聯通館舍間的戶外走道，也別有一番用心。走在其中，你能在紅磚牆上讀到宜蘭作家筆下對於故鄉物事的描述，歷史就這樣透過在地作家細微的觀察與文學之筆，在常民的生活記憶中傳承並拓染開來，成為宜蘭悠然風情的點滴質素。走這一小段路，你也就倏地走進那些作家刻劃的宜蘭故事與印象之中，在這樣的懷舊氛圍之下，順著指示，宜蘭文學館就在不遠前。

自然與人文薈萃的文學館

漫步於作家的輕聲絮語之中，聆聽這座城的文化脈動，但這趟文學之旅其實才正要開始——散發著日式建物素樸典雅風情的宜蘭文學館就等在那裡。不過宜蘭文學館之前，首先會經過立有鉛筆造型的銅門，在文化

3

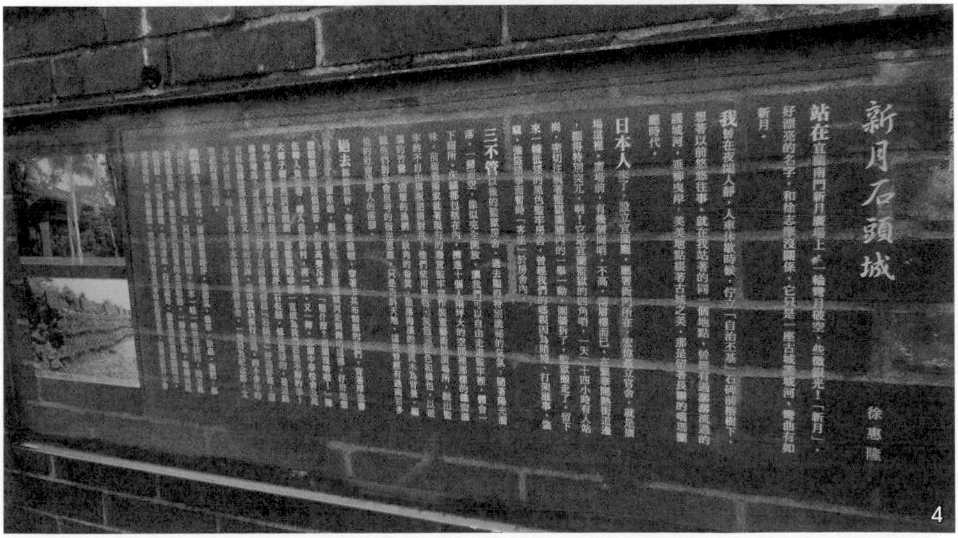

4

1. 宜蘭文學館外所佈置的看板，當季以「台灣電影」為活動主題。（鄭清鴻攝）

2. 3. 宜蘭文學館內部與窗外一景。（鄭清鴻攝）

4. 5. 館內有各種藝文活動、講座宣傳品交流，以及當季主題作品、畫報展示。（鄭清鴻攝）

局的巧思之下，這樣的意象讓這裡有別於官舍區內其他的歷史建物，特別突出其文學館的功能與風格，迎面發現這樣的設計，將會是一次帶點童趣而可親的邀請。入了大門，前往文學館的一段小徑，是鋪設了白色卵石的步道，兩旁設有好幾面藝文看板，原來是當季即將來到宜蘭文學館講演的藝文大家的作品或介紹，已先在此靜靜地醞釀著一次即將到來的文藝饗宴。

在宜蘭文學館的文藝講座，主要是由宜蘭縣政府文化局與《聯合文學》雜誌共同規劃，每季一個主題，每月一次，議題設計相當多元。而在館外預先展出當季主題與作家作品摘錄，亦是讓文學館對外更能呈現經營巧思，聚焦在地文學經營的任務，並拓散文藝關懷主題的設計，使得靜態的藝文資訊能更為活潑、更加延展。如果是在微涼的午後，走過步道，不

3

5

4

妨多停留一會兒，享受難得於室外綠地細讀詩文，空氣中還和著淡淡草香的自然風味，其實只要有心，這裡就是一場開放的文學課，讀過作品略有所感，就放任想像力馳騁在藍天之下。

讀過即將到館演講的作家詩文，終於要整頓心情進入老屋之中。壓條雨淋板、編竹夾泥牆、格柵窗、鬼瓦、塌塌米……和風建築的特色鮮明，每一處的細節都在召喚房舍本身的歷史感，瞬間讓室內的氣氛變得沉靜，但也並不壓迫或有違和之處。相反地，在這裡浮現的，是另外一種關於文學的認識與體驗。

文學館內擺設簡單，幾張矮桌，望向窗外是一片素樸卻充滿綠意的庭院。有人偏愛咖啡，但這裡也適合品茗，更重要的是這些視覺與味覺的刺激，如何引誘你想拿起一本書，重新回味哪個作家的一首詩、一句話、一

1. 宜蘭文學館後院一側外觀。（鄭清鴻攝）

2. 由文學館望向宜蘭設治紀念館一景。（鄭清鴻攝）

個段落，或一個在他腦海醃漬了許久的故事？當你一想，便會發現館內壁上掛著本季將來到文學館講演的作家畫報，並陳設其代表作品。方才在室外的讀趣，預告了在這裡即將有一場精彩的人文對話，作家將帶著他的靈感與眼界與每一個用心的讀者相會，你下次到訪的時間，也許就這麼決定了。

然而宜蘭文學館所展現的風華，絕非是這座城市的孤例。無論是在「舊宜蘭廳官舍區」之內，或者是城市文化發展的脈絡下，我們都可以看見宜蘭作為甚早投入觀光經濟的縣市，對於文學與生活結合的通盤規劃與多變彈性。例如位於宜蘭火車站旁的鐵路局舊宿舍，搖身一變成為「幾米廣場」吸引千萬遊客造訪，那立於宜蘭車站上頭的長頸鹿塑像，使人一到訪宜蘭，便彷彿進入了奇幻的想像世界中。這座充滿童趣的小城，從未忽視想像力以及文學在日常生活中的重要性。宜蘭文學館與舊宿舍的結合，在濃厚歷史感的再現，以及搭建作者與讀者之間藝文橋樑之外的更多可能，相信未來值得拭目以待。

再往歷史走去，文學館周邊

走出文學館，強烈建議遊客購票進入「宜蘭設治紀念館」，或是步行至園區外不遠處的「宜蘭酒廠」，讓自己在宜蘭的歷史縱深中走得更遠一些。

來到「設治紀念館」，內外空間皆有可觀，而館內主題規劃亦明確，吸引不少遊客流連。當你聽聞館員在播放老宜蘭的紀錄片時說：「看見龜山島就知道回家了，回到宜蘭了。」那對於土地的誠摯情感，再為此行增添了一個文學的註腳。

走出設治紀念館，再看向宜蘭文學館，忽然明白那雅致的建築，本來就無須廣告的錦上添花——畢竟它，就是從這片土地的歷史中拔然而出的。

整座頭城都是他的文學館——
李榮春文學館

採訪、撰稿：呂焜霖

從宜蘭搭區間電車往頭城李榮春文學館出發——如果你也是走過宜蘭文學館之後繼續這趟旅行，儘管只有四站的距離，卻會讓你有種延伸而綿長的移動感。也許是因為剛從宜蘭火車站前的幾米廣場走過，看到那些幾米繪本裡的想像世界成了實體之物事，看見人們努力發揮想像力拍著照片，讓你對文學旅行有了更多的想像；也許是因為頭城是漢人開發宜蘭的起點，你有些預感，將要感受比溫柔，還要更溫柔些的老街節奏；也許只是因為換上另一種交通工具，改變了觀看的速度，水綠色的蘭陽平原就如書頁在眼前平整攤開，而龜山島猶在海外瞻望，它好似要追趕我們，但已定格成了時光的塑像。

頭城小鎮少了宜蘭市區的觀光氣息，走出火車站，你好似闖進別人的家中，驚擾了原先在站前樹下睡覺的狗兒。而遠離了喧囂，也讓這趟文學小旅行，不知怎麼地就是多了點孤獨的氛圍，特別是此行要前往位於頭城的文學館，在你的想像裡，那彷若是潛入一隻老貓的瞌睡時光，也是一個作家一世沉潛、孤絕奮鬥的文學生命，每一步都要踩得很輕、很靜，然而他用文字釀出來的頭城風味，卻是另一股無人能及的，對文學永恆專注的浪漫熱情……

循著鎮公所製作的地圖，按圖索驥，這裡，就是李榮春文學館。

1

走入頭城的內裡

李榮春文學館，同時也是頭城鎮史館，館舍建築於二〇〇五年修復，並在文建會（今文化部）文資總處的規劃下，成為在地作家李榮春之文學館。在佛光大學陳進傳教授與李榮春姪子李鏡明醫師的共同策劃下，李榮春文學館於二〇〇九年正式啟用，成立時間早於「宜蘭文學館」，可說是宜蘭縣內第一座標誌地方文學的歷史建物。

INFO

地　　址	宜蘭縣頭城鎮開蘭舊路4號
電　　話	03-9773126
開放時間	9:00-12:00、14:00-17:00 國定假日休館
門　　票	免費參觀

1. 館舍設置的圍籬造景，鏤刻著李榮春的文句。（鄭清鴻攝）

2. 李榮春文學館入口。（鄭清鴻攝）

1

李榮春文學館的建築結構比宜蘭文學館略小，這棟座落於開蘭舊路四號老街起點的日式房舍，雖具體興建年代不詳，但至少確定它原先是頭城公醫館，戰後則作為頭城國小（前身為頭圍公學校）的校長宿舍，在頭城國小的細心維護下，建物保存狀況極佳。也因此，今日我們才得以在館舍中，遲讀一位老作家向世人訴說這開蘭第一城的過往風華；與此同時，老宿舍也成為地方文史工作者聚會、培訓的場所，轉變為頭城社區營造的核心基地，同時具備文學、歷史與社造的精神文化傳承，以及歷史建物活化的功能，意義不言可喻。

來到這裡，李榮春就是頭城常民生活的代言人，透過他的眼光，經由他的訴說，頭城的故事便這樣綿細寧靜如潛藏在地底的伏流開展。他有一個純粹的文學夢，但從不張揚，就這樣靜靜筆耕寫了近三百萬字的作品，而他常是自己唯一的讀者，直到家人整理遺物時，才發現他默默地寫下對故鄉的深情念白。

臺灣文學的獨孤俠——李榮春

李榮春（一九一四年~一九九四年），頭城鎮和平街人，他九歲時就讀頭圍公學校，畢業後入私塾學漢文，是臺灣長篇小說史上一位不容忽視的創作者。然而由於他在文壇甚少與人來往，在近乎自囚的情境下默默創作，即使全集於二〇〇二年底出版，卻直到近年才陸續為人所知。他的代表作品《祖國與同胞》約計八十九萬字，在臺灣長篇小說發展的指標時期——一九五〇年代的臺灣文學場域當中，不但能居於長篇鉅作之列，更是別具意義的重量級作品。這是因為李榮春不但自學英文、日文與中文，他在二十五歲那年（一九三八年）響應日本政府的號召，參加了臺灣農業義勇團來到中國江灣與大場開闢軍用農場，除役後又輾轉在中國勾留一段時間才回到臺灣。也因此，無論是語言工具的掌握，或是對戰爭經驗的梳理，相較於同一時間仍在克服戰後官方語言轉換、飽受失語之苦的同輩文友，在中文創作上，李榮春自然走得更早，甚至更遠一些。

李榮春確實具備語文天才，但更可貴的是他矢志終身奉獻文學的決心。然而他也明白寫作必然是一條艱苦的路途，很難擁有現實生活的享受，所以他雖曾形式上結婚，但卻逃避童養媳身分的妻子與領養的女兒，以免拖累妻小，不求正職只為專心創作。也因為李榮春僅憑零工餬口，他在伏案寫稿或零工下班之餘，可說成了「職業閒人」，得空時便在三哥開設的腳踏車店看前顧後。你也許好奇他能否修繕鐵馬，但據說頭城鎮民只要看到是李榮春守在店裡，就會晚點再上門。

儘管李榮春是個修車苦手，卻也就著這樣的因緣，文學館內放置了一臺老鐵馬作為入口意象，它宛如是要告訴訪客曾經陪著李榮春見過店前街後的那些頭城老時光，即使如今齒輪動搖、車身鏽蝕，依然能領著我們穿越時光隧道，正式進入這座日式雅室，李榮春的文學世界。

為老作家造一座夢中書房

步入李榮春文學館，鋪設榻榻米的典型日式住宅，以素雅的佈置呈現李榮春的作品、簡介、藏書與舊照片。館內最特殊也最引人目光的展示品，莫過於一張仿著李榮春的書桌造型製作而成的透明書桌，案上放著李榮春的著作與復刻成壓克力板的手稿。如此風格的裝置藝術，在懷舊的日式建築中顯得特別搶眼。置身於現代與過去的時空縫隙中，這裡宛如是

1. 李榮春文學館的入口意象：腳踏車與工具箱。（鄭清鴻攝）

2. 以李榮春書桌外型重新打造的光之書桌，桌面留有文句雕飾，並有手稿複製品。（鄭清鴻攝）

3. 李榮春畢生創作全集。（鄭清鴻攝）

3

2

為他量身打造的夢中書房，李榮春的字跡與本本著作在窗外日頭的折射下，閃閃熠耀著，那是專屬於作家的聖堂。

再往館舍內部走去，可以看見一面書牆，擺放現當代重要的臺灣文學作品，想得深一點，那似乎是李榮春與文友之間的無聲聚會。另一面牆上有著關於李榮春的生平介紹，玻璃展示櫃中則有珍貴的作家手稿，讓人忍不住細看一二。正當我瀏覽館內書籍時，一面還聽見一位宜蘭大叔向他的友人介紹李榮春，同時提及李榮春與《文友通訊》之間的交流往事。如今文學距離人們已然有些遙遠，但在這裡卻能聽見在地人對在地作家的侃侃而談，讓人印象深刻。

《文友通訊》（一九五七年四月～一九五八年九月）是戰後面臨跨語挑戰、發表空間限縮的臺籍作家們互通聲息、談論文學走向、思索創作如何被看見的同人刊物。歷來的文學史家，大多注意鍾肇政與鍾理和之間的通訊，然而在島的另一頭，李榮春在頭城小鎮也與其他文友透過通訊相濡以沫，交流對彼此作品的看法。

在那個寂寞難言的年代，文友們星散各地，或在山城或在濱海小鎮，努力地擠兌骨血，換取被文壇注意的

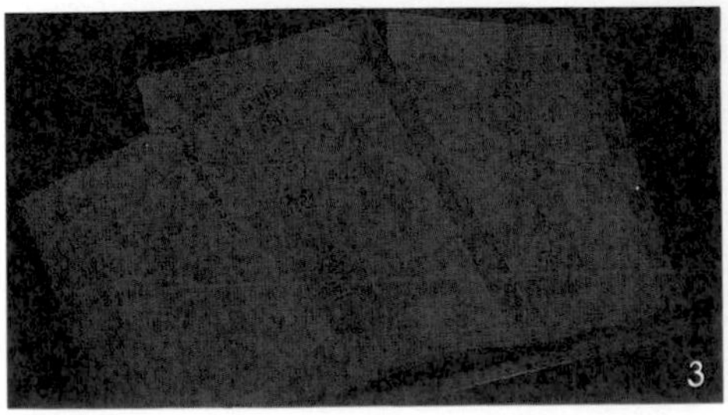

1. 精緻的文學館內設有臺灣文學書牆，陳列相關書籍供訪者翻閱。（鄭清鴻攝）
2. 李榮春作品《懷母》書影。（鄭清鴻攝）
3. 李榮春作品《祖國與同胞》手稿。（鄭清鴻攝）
4. 館內設置數個小展區與展板，簡述李榮春的生命歷程與文學之路。（鄭清鴻攝）
5. 在館外空間設有李榮春文學地圖，詳細註記李榮春作品中出現的地點。（鄭清鴻攝）

4

5

光芒。而今星光在全臺各地瑤散化為一小間一小間的紀念書屋、文學館舍，似乎是時間給予筆耕者的報償與回饋。而每一位訪客，都可以成為一個傳播者，將這些榮光拓散出去。

從宜蘭文學館再到頭城的李榮春文學館，似乎是走出了一條更閒適，但卻也猶待更多訪問與對話的文學輕旅。尤其是在近年臺灣社會對歷史建物普遍揚起的守護意識之下，既有的古蹟空間如何置放地方文化記憶，並透過在地社區的規劃，成為創意的集散地，成為積聚甚至發散在地情感的中心地？到頭城來，旅人將不只是看見一座精緻的文學館，整座小鎮也都變成了李榮春的文學空間，讓老作家成為嚮導，讓他的文字領著我們散步頭城，也讓一個懷抱純粹文學夢的孤獨作家魂不再孤單。關於文學、關於歷史、關於創意，我們或許可以在這裡找到答案。

戰後臺灣文學的原點——
桃園市客家文化館・鍾肇政文學館

採訪、撰稿：朱宥勳

一九五七年，青年鍾肇政把幾張裝在信封內的簡陋表格投入郵筒，寄去給當時他生平僅知的幾位本省籍作家的時候，包含他自己在內，都並不知道這個小動作真正的意義是什麼。或許對鍾肇政自己來說，用他自己小說當中那個時常出現的純情少年腔調，最能傳神表達那一刻的心情：「因為……寂寞吧。」對鍾肇政這樣的本省籍文學青年來說，一九五〇年代的龍潭大概真的就是這麼寂寞的：因為二戰聽力受損而失去於臺大中文系進修的機會，遠離了文化活動頻繁的臺北，重新學習「國語」，努力跨越語言障礙，在外省作家強勢主導的文壇裡苦掙一點發表機會。更糟的是，這一切還只能獨自努力，毫無「文友」可以互相扶持、切磋。

將近一甲子之後，當我從中壢市區乘車，向著附設於客家文化館的「鍾肇政文學館」前進的時候，我彷彿不是在具體的道路上移動，而是溯著時間逆流而上，一點一點回到文學青年鍾肇政的年代，和他那個寂寞的龍潭。樓房漸漸從視野中褪去，夾住道路的是人煙不多的平坦草原，偶有

INFO

地　　址	桃園市龍潭區中正路三林段500號
電　　話	03-4096682
開放時間	週二至週日9:00-17:00 週一全天、選舉日、國定假日休館
門　　票	免費參觀

1. 桃園市客家文化館。（鄭清鴻攝）

2. 客家文化館外觀，油桐花樹裝置藝術充滿客家風情。（鄭清鴻攝）

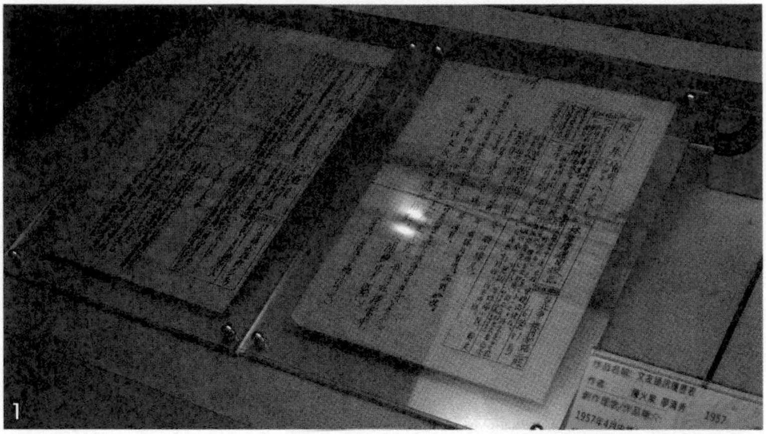

1

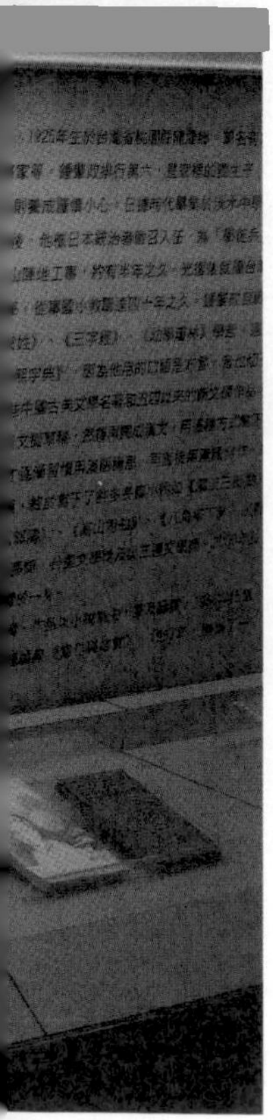

工廠或軍隊的營房，但都像是一個熱得醒不過來的夢。那是自小居住在桃園的我，也並不熟悉的景象。在這樣的地方，「文學」似乎變成了一種虛幻不實之物，你甚至會懷疑，在這樣的空曠裡，真的容得下一本書嗎？文學青年鍾肇政，就是抱著這樣的心情，寄信給那些好不容易找到、散落在全臺各地、一樣在戰後初期的困窘環境裡輾轉掙扎的《文友通訊》諸君吧？因為文學之路如此寂寞，所以一封信就串起了九名作家的心，大家紛紛響應鍾肇政的號召，回寄了「文友」的個人資料表格。其中若干原件，就展在二樓的「鍾肇政文學館」和一樓的「客家文學館」展區裡。如今回看，當時的他們甚至還不能稱得上是「作家」，不，沒有那麼世故，他們的文字缺乏那種沉穩的展演自覺，而更像是顫抖著、興奮著終於遇到同類，因而毫無戒心地過度敞開自己，一股腦把自己人生僅有的經歷、苦楚和文學夢全部填入表格裡。他們的焦灼，或許就像兩年之後，遠在美濃的鍾理和寄給鍾肇政的信一樣（因為《文友通訊》，他們兩人成為莫逆好友）：

> 我的生活中嗅不出一點文藝的氣息：它是平凡、庸俗、零碎，充滿了憂愁、艱難、疾病和苦悶。我個人在這裡獨往獨來，不為人理解和接受，沒有朋友、刊物、文會……。我常常會忽然懷疑自己到底在做什麼？

每個人都困在這裡面，當時，整個臺灣文學都還困在這裡面。

但幸好，文學之神送給臺灣一個禮物，連他自己都不知道。那就是鍾肇政。在大家還被困住的時候，只有他想到要開始將本省籍作家組織起來，並且真的付諸實行。《文友通訊》只是一個起點，平心而論，當初參與的九位作家，似乎仍以鍾肇政、鍾理和較為人所知，但從一九五七年的那封信開始，龍潭，而不是臺北，成為了北臺灣本省籍小說家們真正意義上的「首都」。一批批作家的信件寄入龍潭，勤於寫信的鍾肇政一封封回覆，如是數千次。那些即將在文學史上閃亮的名字，他們的筆跡都曾停駐在鍾家的案頭：陳映真、施明正、東方白……文學之神送給我們的不只是一位小說家，還是一位勤力於組織交流、出版品編輯，善於爭取舞臺且樂於分享舞臺的文學人。往後幾十年

1. 《文友通訊》首批文友陳火泉、廖清秀所填寫的文學履歷表複製品。（鄭清鴻攝）

2. 鍾肇政簡介展板與作品展示。（鄭清鴻攝）

間，他主持《臺灣文藝》，與《笠》詩刊成為本土文壇兩大支柱；主編《民眾日報》副刊，以及《光復前臺灣文學全集》、《臺灣作家全集》等臺灣作家叢書；催生了臺灣第一個文學館舍「鍾理和紀念館」。文學作家寫出好作品，大部分的益處會回到作家本身，但這種一拿到資源就付出去給別人的傻勁，卻才有真正廣泛、長遠的「事功」。幾乎可以這樣說：如果沒有龍潭的鍾肇政，臺灣文學的「進度」恐怕還不知道要慢幾個十年。

許多熟悉臺灣文學的人，都知道著名的「林海音的客廳」，那是「聯副」主編林海音款待作家的地方，她的品味和公正，拉拔了許多作家。但我認為，以資源的蹇困程度和「事功」之豐厚的對比、與潤澤後世作家這一點來看，「鍾肇政的書房」這個空間，也應該受到相對的重視。

所以，我對於其他作家與鍾肇政的互動特別感興趣。在客家文化館一樓的長廊上，有好幾位作家所寫的短文，有的像是小說、有的像是散文，

1. 客家文學館所展列的日本時代客籍作家，由龍瑛宗揭開序幕。（鄭清鴻攝）
2. 重要客籍作家個別簡介。（鄭清鴻攝）
3. 鍾肇政文學館入口。（鄭清鴻攝）

4. 作家謝鴻文的「同人文」，寫到《魯冰花》。（鄭清鴻攝）

5. 民眾駐足閱讀各篇藏有鍾老文學梗的作家作品。（鄭清鴻攝）

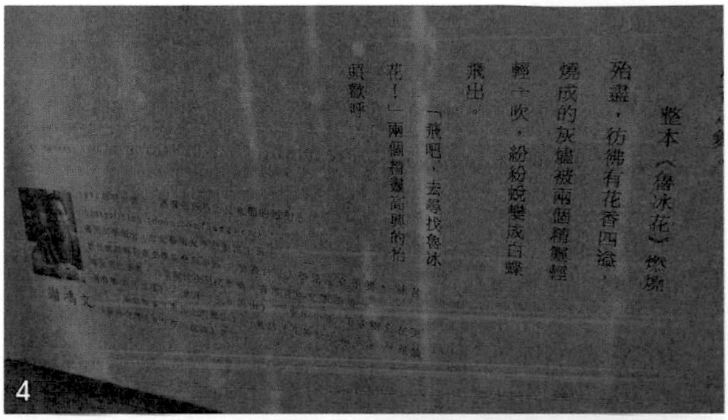

被印製成彩色的展板陳列出來。乍看之下，這些短文好像沒有太特別的地方，我一開始也只是信步瀏覽過去。不料越看越吃驚，這裡的每一篇文章，都是向鍾肇政「致敬」之作，融入了許多鍾老小說中的梗，忠實讀者必然一望即知——用現在的話說，這可都是作家們所寫的「同人文」啊！根據解說志工的說法，這系列的展板似乎是很久以前辦的一個活動產生的。

沿著展板拐進「客家文學館」，長廊式展間以時序為軸，介紹了臺灣文學史的基本脈絡，以及在臺灣文學史上活躍的客籍作家們。沿著動線上樓，就是陳列了鍾肇政重要著作介紹展板、若干藏品的空間。比較有趣的是，在鍾肇政文學館展區的正對面，就是客籍音樂家鄧雨賢的紀念館。曾寫出膾炙人口的音樂作品「四月望雨」的鄧雨賢，除了是鍾肇政的同鄉，他的父親更是鍾肇政的老師。一九七六年，鍾肇政在《中央日報》上連載《望春風》，便是以鄧雨賢傳記為藍本改編的小說，而此書的單行本，也展在鍾肇政文學館一進門口的地方，與鄧雨賢的展區遙遙相對。

因為寂寞，因為不甘於寂寞，因為不忍年輕的文學愛好者一樣那麼寂寞下去，鍾肇政以龍潭為原點，開始

1. 大河小說「臺灣人三部曲」導讀展板。（鄭清鴻攝）
2. 鄧雨賢音樂展示館入口，與鍾肇政文學館相對。（鄭清鴻攝）
3. 紀念鄧雨賢音樂會專刊，書名亦由鍾肇政題字。（鄭清鴻攝）
4. 展區投影鍾肇政文學紀錄片，參觀民眾就座欣賞，文學或許不再寂寞。（鄭清鴻攝）

4

了他緩慢但堅定的「文壇」建構工程，成了早期文壇與葉石濤並列「南葉北鍾」的文學支柱。拉高到整個臺灣來看，龍潭的位置無疑是邊緣的，和「臺北文壇」保持了某種似有似無的疏離聯繫。直到今天，當我盤桓在「客家文化園區」周圍時，仍強烈地感覺到那樣的「遙遠」，並未因為時間的過去而拉近多少。一切好像都停留在石門水庫啟用的那個年代了，那個我幼年時常常和家人去玩的「石管局」草地，或許就是我這輩子第一次和鍾老的足跡重疊；直到很久很久以後，我才在資料上面讀到，那些年，鍾老常常驕傲地帶著來訪的作家們，到石門水庫遊覽。那些年，龍潭還沒有客家文化館，還沒有鍾肇政文學館，現在至少有了；這或許能是另外一個文學的原點，如墨水滴在紙上，暈散出無可預測的圖形。

流浪到故鄉——三毛夢屋

採訪、撰稿：留婷婷

千里之外，莫逆之交——三毛與丁松青

三毛，本名陳懋平，因覺「懋」字難寫而自改為「陳平」。一九四三年生於重慶，戰後隨父母來臺，定居臺北。一九五四年，入讀臺北市立第一女子高級中學。次年，由於被老師懷疑作弊、當眾以墨汁塗面羞辱，而開始逃學，之後休學在家，受到父母及顧福生、邵幼軒等畫家的殷切指導。一九六四年，成為文化大學哲學系旁聽生，三年後休學，赴西班牙馬德里留學初識荷西。一九七二年與荷西重逢並開始交往，不久後，兩人在撒哈拉沙漠的法院中正式公證結婚。同年，她以「三毛」為筆名，開始於報

1

INFO

地　　址	新竹縣五峰鄉桃山村16鄰清泉262號
電　　話	0978-789-293（徐秀容女士）
開放時間	9:00-17:00，無公休日
門　　票	20元，可獲得明信片一張，並可折抵場內消費

1. 三毛夢屋入場明信片。（留婷婷攝）

2. 界石，由此進便為清泉部落。（留婷婷攝）

刊上發表一系列膾炙人口的文章，享譽文壇。三毛作品的類型甚多，有散文、小說、劇本及翻譯等，計有二十餘種，因豐富的生命經驗與親切的文字風格，而頗受讀者稱頌、愛戴，風靡一時。

一九七一年，三毛初次留學歸來時，在文化大學創辦人張其昀的邀聘之下，任教於德文系及哲學系。一九七二年，其與友人一同前往蘭嶼旅行，遇見了當時在小島上任教的美籍教師丁松青（Barry Martinson S. J.），兩人一見如故、相談甚歡，此後雖幾乎沒有再見面過，但仍有斷斷續續的音書往來。

十年過去了，三毛走遍千山萬水，成為華文世界家喻戶曉的暢銷作家，丁松青也從偏鄉教師、神學學生，一躍成為耶穌教會的神父，定居於新竹竹東的五峰鄉間，並在座落於群山中的清泉部落裡，擁有了一座屬於自己的小教堂。這是一九八二年，三毛暫時結束在外的漂泊行旅，丁神父已在清泉區中服務六年，因著《蘭嶼之歌》的譯書因緣，兩人於分別一秩後，再度重逢。

清泉部落與「清泉故事」

初次造訪清泉部落時，三毛便被山間的氛圍、景致與生活型態所擄獲，此後更多次重返，而離去之際，也總是難分難捨。據丁神父在《遇見三毛》一書中所描繪的，三毛與清泉的相逢，似乎使她「陷入了一場戀愛之中——和清泉戀愛」。與淳樸山村的戀情看來如此浪漫，但「愛」卻並非只有愉悅，而往往有著更多的難捨與悲傷：

> 當我想到清泉時簡直有種痛。它並不是一種折磨，但竟如此痛。每當生命中出現太美好的事物，我總覺得痛，和孤獨。當然，之中也參雜著喜悅，但並不多。
>
> ——《遇見三毛》

如此濃重的愛與哀愁，具現成了三毛的夢中之家——即今「三毛故居」中的那棟紅磚樓房，以及這夢居的得與失。

一九八三年，在某次與丁神父及友人們的山徑散步中，三毛找到了一棟座落於懸崖之上的破舊磚房。不過驚鴻一瞥，她便認定「這是一生拾荒生涯中的又一個高潮」，並對這座並不起眼的房子，起了無比強烈的喜愛與佔有之心。其後，丁神父找到原屋主，訂下三年租期，並與當地的原住民青年一起，對房子的裡外都進行了整頓及修繕，期待著三毛的來訪、定居：

> 上帝給我的另一件禮物，是清泉。巴瑞，你不會知道我開始愛上那兒的年輕人。我十分愛他們，把那兒當我的故鄉，他們就是我的親人了。謝謝你最後讓我找到這個尋了很久的故鄉。
>
> ——《遇見三毛》

1. 三毛在清泉。（留婷婷攝）

2. 三毛夢屋現貌。（留婷婷攝）

2

在租下紅磚樓房作為「三毛之家」的一九八三至一九八六年間，三毛陸續為丁神父翻譯了《蘭嶼之歌》、《清泉故事》及《剎那時光》三本著作。然而，可惜的是，自《清泉故事》出版後，三毛卻由於工作的繁重、生活瑣事的持續增多，以及健康狀況不樂觀等原因，幾乎再也沒有重訪清泉部落，也從此未再返回這座夢中的紅屋。在她流浪於世界各處的生命歷程中，故鄉的意象如此重要，卻也在獲得的瞬間便已注定失去。自此，屬於三毛的「清泉故事」，亦快快地落下了帷幕。

三毛夢屋的昔與今

「三毛故居」雖名為「故居」，但實非故居，而為夢屋，因為三毛在此真正居留的時間，其實非常短暫。一九八六年租約到期，房屋的所有權回到房東手中。三毛去世之後，此地曾作為紀念館及舊居營運過一段時間，但由於展品匱乏、經營困難，故擱置了許久未動。直到二〇一一年

1. 主館內部一景。（留婷婷攝）

2. 次館內部一景。（留婷婷攝）

3. 《民生報》採訪林青霞對三毛的緬懷之情。（留婷婷攝）

4. 半露天的咖啡廳，成為懷想三毛的絕佳景點。（留婷婷攝）

5. 三毛夢屋的木製門牌。（留婷婷攝）

4

5

七月，在原屋主的勸說與丁神父的幫助之下，來自臺北的徐秀容女士承租下這棟紅磚樓房，修葺內部、改裝外場，以收費的「三毛夢屋」及半露天咖啡廳之形式，對外開放：

> 屋前山谷下一灣清流，兩座吊橋，群山一路迤邐，長天碧晴如洗，輕風徐來，吹拂過站立的懸崖，對山天主堂遙遙相望，鄰家的花園裡開著一樹憤怒的野櫻，兩隻花母雞在近處啄食，砍樹的節奏若有若無的飄過……這好一片景—色—如—畫。
>
> ——《思念的長河》

隨著咖啡座中桌椅的安置與整修完成、大門常啟，三毛筆下清麗的清泉景致不再只被獨享，也不再只是想像，而從此有了視野最佳的觀望位置。

展館面積不大，室外由石頭小徑、肖楠樹及咖啡座三部分組成，室內則可依大小分為「主館」及「次館」兩個區域，參訪順序主要以後者為先、前者居次。兩區的展品類型相仿，皆以放大的彩色老照片、裱框的中英舊報紙，還有文字及圖片並陳的海報為主。一方面介紹了作家的生平大事、與清泉部落之淵源，另一方面也摘錄了三毛的文章，並將其去世後友人們刊在報刊上的緬懷，一一剪輯、張貼。

此外，或許是由於家族式經營所特有的情感聯繫，「三毛夢屋」內外都充滿了生活的痕跡。諸如陳列於長桌的原住民織布器，畫架上那幅由泰雅族青年所繪的、尚未完成的素描，還有錯落於四周，既像展示又似乎只是被隨意安放的各式書籍與唱片。空間中的一切物件，有與三毛相關的，也有與之毫無關係者，和平地相疊共處，形成一種安然而奇特的氛圍。

主館內外有幾項別具特色的展品，

皆難在他處尋得，且多歷史悠久。正門上的「三毛的家」木製門牌是身為原住民的房東所書，由丁神父一直保存至今。屋舍內，刻有紋飾、形貌格外陳舊的一方書桌與兩張長椅，皆為昔日故物，在許多因損壞而不敷使用的傢俱中倖存下來。門前張貼著的「吃飯圖」，則出自三毛手筆：

> 一個人安安靜靜的畫，畫兩道山谷，一灣溪流，畫遠山，畫吊橋，畫一個圍著長圍巾的小王子坐在懸崖上，手裡握著一朵有著四根刺的玫瑰花，畫小紅屋頂上一隻斜著頭站著的狐狸，畫山上砍樹的男人，河裡嬉水的孩子，畫一個尤帕斯站在對山大喊「來吃飯！」畫一個丁神父從山上滾下去找眼鏡，畫泰雅族的親人手拉手一衝一衝的在跳舞（中略）……最後，左邊畫了一個太陽，右邊一個月亮，而小王子的那顆小行星，正對著他，在靜靜的天上閃爍。
>
> ——《思念的長河》

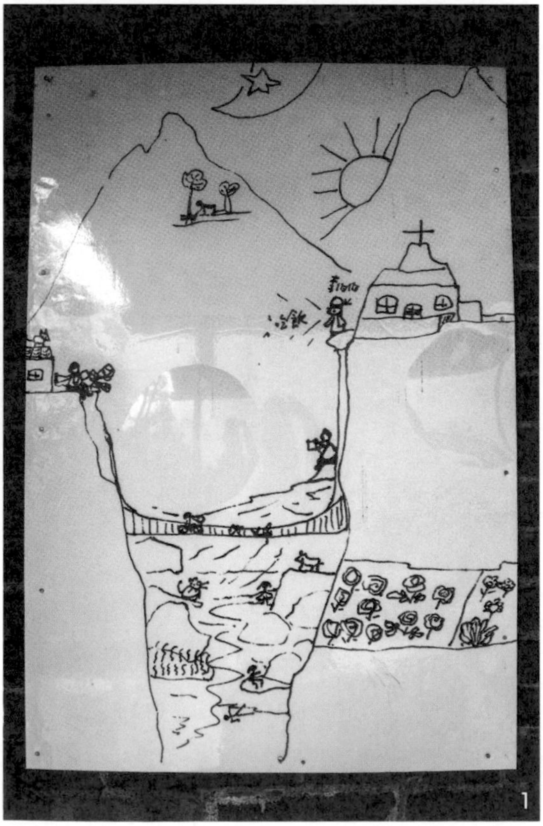

1. 三毛繪製的「吃飯圖」。（留婷婷攝）

2. 保留至今的老桌子。（留婷婷攝）

3. 夢屋所擺設的三毛系列作品，等待旅人在此重讀三毛心境。（留婷婷攝）

4. 丁松青神父所著的《遇見三毛》書影。（留婷婷攝）

畫作的右方是天主教堂，左方為夢屋所在地。當時，每逢用餐時間，只要教堂裡族名為「尤帕斯」的李伯伯向山的這邊打旗語，三毛就會走下磚屋，穿過一號吊橋及清泉步道，徐徐前往教堂用膳。

除此之外，由丁松青神父所著，於二〇〇八年出版的《遇見三毛》一書，只授權在夢屋裡販售，所得亦全數捐贈以助館舍運行，故各大圖書館及連鎖書店中皆不可尋。書冊極薄，僅有短短六十餘頁，半為文字半為圖像，記載了三毛與丁神父之間的二十年友情點滴，字句輕盈，情感卻無比醇厚。

鐵血詩人的西湖歲月——吳濁流藝文館

採訪、撰稿：何欣怡

「鐵血詩人」吳濁流

吳濁流（一九〇〇年～一九七六年），本名吳建田，新竹縣新埔人。在日治時期於臺灣總督府國語學校師範部畢業之後，即任教於故鄉的照門分校。然而卻因書寫一篇〈論學校教育與自治〉的論文，參加新竹州教育科所舉辦的徵募教育論文比賽，被視為「議論過激」而遭退回，並且被貶謫至苗栗郡下交通最為不便的四湖公學校（現西湖國小）。此後，輾轉任教於苗栗的四湖公學校與五湖分教場（現五湖國小），在西湖鄉度過他壯年的黃金生涯（一九二二年～一九三七年），共計十五年之久。

吳濁流是出身新竹縣新埔鎮的客家人，其故居「至德堂」位於新埔大茅埔「下吳屋」，目前已登錄為新竹縣歷史建築。然而，相較於出生成長之地，西湖鄉之於吳濁流，或許有別於故居的重大意義。一來，西湖鄉是吳濁流近八十年的生命中，定居最久之處；二來，他的正式寫作生涯亦是始於西湖。吳濁流任教於五湖分教場時期，結識了灣生女教員袖川，袖川時常與吳濁流暢談她喜愛的小說作品，不覺間吳濁流也受其影響，開始閱讀小說。在大量的閱讀後，吳濁流受到啟發，寫出了他生平的第一篇短篇小說〈水月〉，在袖川的鼓勵之下，吳濁流將這篇作品投稿至當時由楊逵主編的《臺灣新文學》，並且順

INFO

地　　址	苗栗縣西湖鄉五湖村13鄰194之4號2樓
電　　話	037-911286
開放時間	8:00-17:00（中午休息一小時） 週一、週二休館
門　　票	免費參觀

1. 吳濁流生平介紹。（何欣怡翻攝）

2. 吳濁流藝文館入口招牌。（何欣怡攝）

2

利地受到採用。

此後，吳濁流在西湖鄉又陸續寫就〈泥沼中的金鯉魚〉、〈功狗〉、〈歸兮自然〉等小說與隨筆。除此之外，西湖鄉的風土人情，也在他所創作的大量漢詩中，留下了深刻的記錄。如〈五湖春〉一詩：

飛霞走霧夕陽天，白鷺蹁躚憩廟前。
鐘鼓樓中聲斷續，農家點綴起炊煙。
凝眸落照滿天紅，幾隻烏秋伴牧童。
打木溪邊花似錦，高低燕子翦春風。
花衫裙帶襯芬芳，映日團圓小傘揚。
最是五湖春好處，聯翩婦女為行香。

——《濁流千草集》

此詩呈現五湖的人文風光，客家庄的鄉野風情與自然野趣，而客家婦女的裝束，也在「鐵血詩人」吳濁流的筆下留下生動、鮮活的形象。

一九三七年，吳濁流改調新竹郡的關西公學校，結束了他在西湖鄉的教學生

1. 2. 吳濁流藝文館外觀與館內展覽室入口。（何欣怡攝）

3. 吳濁流與文友合影。（何欣怡翻攝）

4. 吳濁流創辦文學獎，為臺灣文學的作家育成貢獻心力。（何欣怡翻攝）

涯。然而，他在西湖生活的這段時光，不僅使他心中的文學種子開始萌芽，在此時期所創作的小說如〈水月〉、〈功狗〉，深刻地反映他對日本殖民統治的不滿情事，為日後的成名之作《亞細亞的孤兒》開啟了先河。因此，西湖不僅是吳濁流的第二故鄉，更是他的文學原鄉。

從吳濁流西湖時期的相關創作，可以發現身為第一線教育人員的他，對於日本統治下的教育環境，以及臺灣人所受到的歧視與不平等待遇，有相當直接的體會，因而感到憤懣不平。尤其是在離開西湖之後，吳濁流轉任關西公學校，再左遷至馬武督分教場，在此又發生了日籍郡視學毆辱臺籍教員的事件，而吳濁流也是被毆辱的教員之一，這次事件使他憤而離職。

離開教育界的吳濁流投入了記者工作，於一九四一年前往中國發展，只是他在中國的記者生涯並不順遂，隨著戰爭的擴大，局勢更加動盪，他在太平洋戰爭爆發後不久，便毅然決定返臺。返臺後，吳濁流輾轉進入《臺灣日日新報》，再次投入記者工作。然而歷經了政權的轉移、二二八事件的爆發，他的記者生涯正式宣告終結。經歷了這波時代動盪的吳濁流，以其自身的經驗為藍本，作為他日後寫作《無花果》的重要依據。

充斥著「反共」文學的五〇年代，以及移植西方文學理論，「現代文學」蓬勃發展的六〇年代，使得日治時期臺灣新文學的寫實精神蕩然無存。因此，吳濁流決定為臺灣文壇創辦一本得以繼承臺灣新文學精神的純文學雜誌，此即《臺灣文藝》。隨著《臺灣文藝》的創刊，一九六九年底，吳濁流再將退休金十萬元捐出成立「吳濁流文學獎基金會」，將原本於一九六四年成立的「臺灣文學獎」改名為「吳濁流文學獎」，並作詩一首，期能鼓勵青年創作，推動臺灣文學：

誓將熱血挽狂瀾，
七十光陰一指彈；
寄語萬千諸後秀，
一心一德振文壇。

由此可見，吳濁流的創作不僅具有時代意義，他所創辦的文學雜誌與文學獎，對於臺灣文學的發展也有莫大影響。在他的身上，我們看見臺灣知識分子的奮鬥精神，以及對於文學

吳濁流與文友合影
前排左起吳瀛濤、吳濁流、鄭世璠
後排左起黃文相、葉石濤、李喬、林鍾隆、鄭清文、鍾肇政
3

第四屆吳濁流文學獎頒獎典禮
頒獎者為鍾肇政先生（左）
得獎者為江上先生（右）
中立者為吳濁流先生
4

的執著與熱情。

吳濁流的文學原鄉

吳濁流藝文館於二○○三年三月落成，由苗栗縣西湖鄉公所委託文史工作者林靈與藍博洲夫婦所主持的雲梯文化工作室，以「重建吳濁流的文學原鄉」為構想所規劃建制。期望透過館舍之建立與相關活動的舉辦，配合地方自然風景與客家人文，建立「南有美濃（鍾理和），北有西湖（吳濁流）」的文學之鄉。

吳濁流藝文館位於清靜幽遠的西湖鄉五湖村，與吳濁流生命所繫之地緊密連結。雖然館舍設於五湖村鄉民活動中心之二樓，不是獨立的文學館，但這樣的空間，卻有助於與社區地方文藝活動與日常生活的接合，讓在地與外地民眾更能親近吳濁流的文學思緒，也看見西湖當下獨特的藝文底蘊。

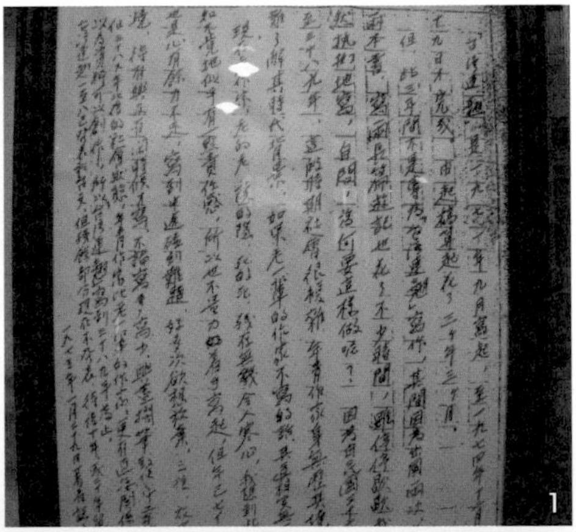
1

2

3

4

1. 2. 吳濁流親筆寫作手稿與著作。（何欣怡攝）

3. 4. 珍藏本櫥窗與臺灣文學相關藏書。（何欣怡攝）

5. 吳濁流文學地景介紹。（何欣怡攝）

整體而言，吳濁流藝文館分別規劃為珍藏本室與藝文展示空間兩大區塊。珍藏本室收藏吳濁流相關著作與文物，藝文空間則配合展出苗栗當地藝術工作者之創作，並不定期更換展品。珍藏本室除了收有吳濁流著作之外，亦展出吳濁流相關之珍貴舊照片、報章報導，一一呈現吳濁流的文學成就、文友往來、推動《臺灣文藝》與文學獎的歷史畫面。此外，吳濁流多首書寫西湖人文之漢詩，館方亦製作相關照片與文字立板展出。珍藏本室藏品中，最為吸睛之處，莫過於吳濁流之親筆手稿，手稿上可見作家的斑斑筆墨與多次修改之痕跡，可見其書寫時之勞心竭力。

館舍以吳濁流相關文物為主，以苗栗當地藝術工作者創作為輔，以及特有古藏品，如清朝時期借據、日治時期通信票等物件的收藏與展示，不但能讓參訪者對吳濁流其人其文，以及他身處殖民時代下的西湖經驗有所認識，也提供了一個接觸當地人文的管道。此外，館方不僅收藏吳濁流之著作，亦典藏了相關的臺灣文學入門書籍，讓參訪者經由吳濁流的文學之路，能更進一步地走入臺灣文學的世界。

一訪西湖，從這裡踏尋吳濁流文學的起點，同時，我們也望見臺灣文學從這個港口，因著吳濁流的默默撐渡，終於揚帆而出。

再現一座文化城——臺中文學館

採訪、撰稿：劉鎧瑩

1

喚醒一座被遺忘的文化城

文學的發展需要時間的積累、人與土地的連結與情感，以及各式機緣相互調合。來到臺中，我們宛如就能從這座古來素有「文化城」封號的城市氛圍裡，感染這座城市所乘載的歷史記憶，以及其中所蘊蓄著的文學家們對文化、土地的感情。這裡，是臺灣文學重要的搖籃，以臺中市作為中心，先天的地緣及人才優勢所匯集出的文學風采，奠定了「文化城」的美名。自日治時期以來，有臺中霧峰林獻堂先生號召成立文化協會，並以「中央書局」作為當時文人志士活動聚會的根據地，也有臺灣中部的古典詩人組成臺灣傳統詩文的指標性社團「櫟社」，張文環及張深切等

INFO

地　　址｜臺中市西區樂群街48號
開放時間｜館舍預計2016年開放，文學公園全年開放

1. 臺中文學館戶外意象牆面。（劉鎧瑩攝）

2. 文學步履。（劉鎧瑩攝）

作家也以新文學的姿態活耀於大臺中地區。其後，諸如楊逵、巫永福，甚或戰後七〇年代中後各世代的詩人也於此集結成社，開創本土詩的端緒，可見許多文學活動在此駐地紮營，不但證實了臺中作為中部文學交流地與臺灣文學陣地的歷史與重要性，這座城，也隨著文學家的步履，一代一代地傳承本土文學的香火。

但遺憾的是，這些豐沛深刻的文學長流，漸漸被覆蓋在歷史的風霜中，昔日「文化城」的容顏逐漸斑駁，往日風光不復存在，縱使歷史再美，記憶仍無法抵擋人們的遺忘。人們忘了過去那榮耀，忘了臺中城曾經有過的驕傲，在現代化高樓的冒起中，城市的偉大建築於金錢遊戲之中。文化在此地顯得孤寂。隱身於巷弄街坊之間，只待有緣人的探訪與挖掘。這孤獨很美，但難免顯得薄弱些。只不過，有緣者，有心人，仍能在每個角落找到那些隱藏的文化情感與

遺跡，明白這不起眼的濃厚空氣，可以如何堆疊出最舒服且令人感動的重量；臺中，就是一座如此迷人的城市。

事實上，臺中市政府歷來在文化事業著墨甚多，無論是文學獎或是學術研討會，在在都顯示出市政府對文化議題的顯著重視。也因此，在市政的持續推動下，「文學館計畫」的藍圖，即將成為昔日文化大臺中從歷史的沉睡中被喚醒的姿態。為了這項計畫，文化局自民國九十八年起收編各個珍貴有價值的空間，原本登記為歷史建築的只有樂群街四十八號的「臺中州警察署長宿舍」，但這些歷史建築群對臺中而言，其實都有著不可被遺忘的歷史故事與時代記憶；於是臺中市政府遂陸續納入周遭的六棟館舍，最終成為現今的臺中文學館。

臺中文學館：舊址為日治時期昭和七年（一九三二）完成之臺中

1. 常設一館入口。（劉鎧瑩攝）
2. 常設二館入口。（劉鎧瑩攝）
3. D棟研習講堂。（劉鎧瑩攝）
4. 文學主題餐廳。（劉鎧瑩攝）

州警察署之署長官邸，與鄰近之臺中州警務部宿舍合為臺中市少有之特殊文化景觀。

簡單的幾行介紹，將我拉回過去那純樸鵝黃的時光。這安定卻混亂的時代，道盡日本殖民時代臺灣人的矛盾與掙扎。警察「大人」對於人民而言，無疑是敬畏與恐懼的化身，但這樣的印象，卻與這神態自然的幢幢日式建築所給人的感受不太一樣。簡約不失華麗的房舍，對著當時的臺灣百姓，似乎多了些憐憫的眼光。臺灣人的文學在這樣緊迫矛盾的時空下茁壯成長。或許，最能訴說、裝載這段文學記憶的，也就非這六棟警察署館舍莫屬了。

隨著歷史的腳步，將文學駐留於此

由柳川轉入基地，在公園的入口處首先映入眼簾的是樹影文學牆，清水模的牆體上蝕刻樹枝的剪影，與從樹頂灑

4

落的綠葉光影交錯，讓真實與光線的陰影混合成透明卻彷彿可觸及的空間，樹的實體和影子穿梭在牆面、在地上與光線遊戲。

與自立街連接的入口處，可以看見過去巷弄的斷垣矮牆，入口老榕樹招呼人群進入公園，聽著老牆說書，述說過去的光景和故事。而這矗立在文學公園內的百年老樹，氣根成林的狀態相當驚人。這棵大樹看著臺中的變化，來來往往的人以及許多轟轟烈烈的往事，所有記憶彷彿被鎖進樹幹中，一條條的氣根是回憶的形體，像那在樹旁的腳踏車一般，被大樹吸收，融為一體。文學館因為這棵老榕樹而更無畏懼，老榕樹所吸吐的每一口氣，都在喚醒沉睡的文化城。

在園中，最具特色的不外乎是這座「墨痕詩牆」，這是一道斷垣的意象，牆上所嵌的文字，是詩人趙天儀的〈小草〉一詩：「只要有一撮

1. 2. 矗立在園內的百年榕樹，以及周邊的老牆，訴說著臺中曾經的老時代。（劉鎧瑩攝）

3. 墨痕詩牆。（劉鎧瑩攝）

4. 臺中市文化局局長，詩人路寒袖。（劉鎧瑩攝）

3

泥土，我就萌芽」。文化就在這簡單而充滿故事性的空間，在水與空氣中甦醒。這座牆讓人們藉由在牆上水道取水，用手指沾水在粗糙面的石材上書寫創作，來顯現牆上所嵌的文字。猶如沾墨於白紙，水缽隱喻為硯臺，當水分蒸散字跡消失，感知時光的流逝。墨痕詩牆是一道兩用的牆，牆的另一面保留粉筆書寫的畫面，昔日學堂黑板與粉筆的教室就在這戶外立起，學習成了最自然的事。

臺中文學館的願景，在大臺中文化推動下顯得更加重要。對於新一代的年輕人來說，也許只是個專門展示「文學」的地方，似乎像是一般的博物館、歷史文物館，只有在嚴肅、專業的知識欲求下才有存在感。不過，現任的臺中市文化局局長——王志誠局長（筆名路寒袖）期待營造更不一樣的文學館氛圍。王志誠局長本身是臺灣文學作

4

1

3

2

家、臺語詩人，也身兼詞曲創作人，在大甲出生的他提到對家鄉的情感，近二十年的童年往事一一傾吐，臉上的笑容散發柔和的溫度，是一股對於鄉土的熱情，對於母土真心而毫無保留的愛。

王志誠局長曾以〈不信東風喚不回〉一文略述他對臺中市西區與中西區的古蹟與區域發展的觀察，在他的眼中，臺中文學館於樂群街第五市場的日式警察宿舍脫胎面世，其背後不只是對於古蹟建物的活化而已，關照同樣經文化局修復開館的演武場，以及如今人聲鼎沸的宮原眼科、市役所等空間，文化政策的布局，其實也就是臺中市各區域特色發展的另一個側面。如何兼顧歷史古蹟的維護、文化想像的開展與都市區域發展平衡，更是升格之後的大臺中市特別需要面對的問題。而這些對於臺中深切濃厚的情感，讓我們對王志誠局長的文化政策以及臺中文學館的細部規劃多了更多真誠、真心的期待。

臺中的文化歷史溫柔卻又狂野，相信在臺中文學館正式開放後，必定能在文化上有深度的影響。封塵已久的文化城，即將在閱讀與文化推廣下漸漸發亮；並在臺中文學館的啟用之下，喚起沉睡已久的文化城榮耀，喚醒所有人們對於文化的本能。

周邊漫步

臺中文學館鄰近第五市場。在接收飽滿的文學薰陶後，可以到第五市場吃點傳統美食感受古早味。臺中市過去是日本殖民的指標行政區之一，許多建築物至今仍完整地保留了當時的建築風格與特色，除了臺中文學館，周圍鄰近的還有刑務所演武場，為臺中市僅存日治時期武術道館式的建築，建於一九三七年，當初以供臺中刑務所（今臺中監獄）司獄官練武之用。目前刑武場有兒童的劍道課程以及茶室供人休憩品茗。在結束臺中文學館與文學公園的洗禮後，不妨到刑武場與第五市場走走，讓身心留住歷史與美的感動。

1. 日式建築門廊的休憩空間。（劉鎧瑩攝）
2. 館舍內部樣貌。（劉鎧瑩攝）
3. 預備展區一景。（劉鎧瑩攝）
4. 第五市場。（劉鎧瑩攝）

4

沉默的年代裡盛開的文學之花——明道中學現代文學館

採訪、撰稿：賴思辰

1

步入明道中學，環境清新而洋溢著青春色彩的校園，想必勾起許多人求學階段的回憶。然而穿過明道中學蔚藍的跑道後，迎面矗立在眼前的現代文學館，揭開了明道中學另外一層重要的歷史。三十餘年來，明道中學的《明道文藝》與文學獎，不但一直默默扮演著挖掘文壇新秀的角色，作為孕育文藝的搖籃，在沉默的年代裡，將文學的種子靜靜地撒播在學生與一代作家的心中。後來落成的「現代文學館」，更是這段歷史的最佳見證，亦是《明道文藝》辛苦而動人的結晶。

《明道文藝》與全國學生文學獎

在三十多年前，那個出版業還不如今日興盛的年代裡，《明道文藝》在汪廣平先生接任校務無以為繼的武訓中學，改名「明道中學」後發起。以帶動校園文藝、讓文學貼近生活為宗旨，自一九七六年三月發刊至今，月月出版，現已逾四百期。《明道文藝》不但是臺灣唯一由中學為學生創辦的長壽文學刊物，在刊物內容的企劃方面，更可見其用心——當時由三毛、孟瑤、瘂弦執筆的專欄，成了陪伴青年學生成長的文學養分，而這樣的傳統仍然持續至今。

明道中學副校長林雯琪表示，人文教育的啟迪與教育，一直以來都是明道中學所秉持的宗旨，希望能引導青年學子培養認知、情意與自我表達的技能，她認為文學是人的價值與養分，文化底蘊並非科技發展或是經濟效益等可估量的價值所能取代的。由此，我們亦可看見《明道文藝》隨著時代前進而不斷進化的軌跡。二〇〇八年《明道文藝》即以「文創

1. 明道現代文學館一入館，即可看到《明道文藝》紀念牆。（賴思辰攝）
2. 開始發展專題企劃的新版《明道文藝》。（賴思辰攝）

INFO

地　　址｜臺中市烏日區中山路一段497號
電　　話｜04-23341391
開放時間｜週一至週五8:00~18:00
（團體導覽需電洽預約）
週六採預約方式，純參觀無導覽
週日休館
門　　票｜免費參觀

1

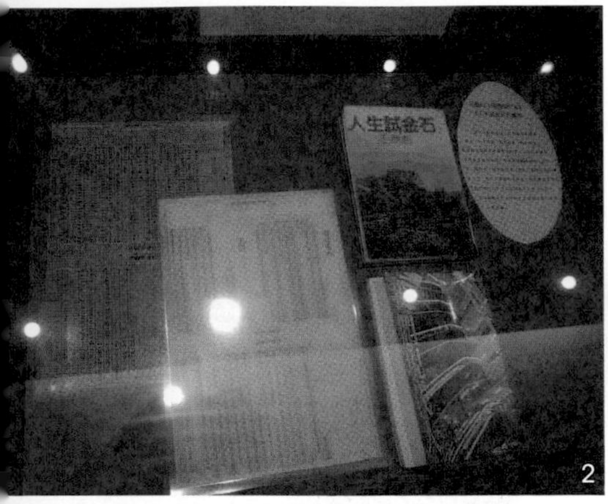

2

采風」為題，擴大刊物的視野與內涵，以文創專欄為核心，用了五年的時間，深入探討純文學以外，諸如數位媒體、書法藝術、環境保育、建築設計等文創場域之相關議題。最近，《明道文藝》則以「文化長廊」為主題，希望從臺中各個文創據點出發，深入探討在地文化，從「空間與地方」的角度，深入感受臺中城市的溫度。顯見《明道文藝》不僅致力於文學教育與推廣，對於當前文化議題的掌握，也相當精到。

為了兼顧文學討論、交流的質與量，未來《明道文藝》除了持續邀請作家進行專欄寫作（廖輝英、陳幸蕙為《明道文藝》之專欄作家）、各主題深度採訪的相關紙本出版外，也正在準備開發數位平臺，期望能讓學生以共筆的方式，進行專題式的文學討論，甚或地方藝文等相關議題之交流。

此外，由《明道文藝》所主辦的「全國學生文學獎」，從一九八一年開辦至今，一直是當代學生投稿寫作的重要園地。諸多臺灣當代的知名文學作家，如簡媜、張曼娟、吳淡如、侯文詠、王浩威、陳克華、蔡素芬、焦桐、許悔之、林黛嫚、張啟疆、陳大為、鍾怡雯、駱以軍等人均曾獲此獎，彰顯了這部獎項之於臺灣文壇的重大意義。

可貴的是，文學獎亦隨著文壇的動態發展而與時俱進，在第三十一屆時擴大辦理並更名為「全球華文學生文學獎」。副校長林雯琪說明，因教育需更往下紮根，並需要有更多樣的文化兼容並蓄，因此文學獎的徵稿對象，也從以往中華民國國籍的大學生、高中生，轉向對國、高中生學齡的海外華文創作者開放。三年來，海外學生的投稿量以及得獎率以倍數成長，而該文學獎亦成為海內外學生角逐的園地，更具國際性格。

深植地方，走向國際

明道中學現代文學館於一九九九年成立，館內收藏著自《明道文藝》創刊三十餘年來，許多作家致贈的書籍與原稿，以及與各出版社的往來書信、公文。除了在在顯示作家們對該雜誌的溫情與信任外，更是記錄了《明道文藝》這三十年來的出版歷程，也間接呈現數十年來的文壇景況。

作為一間文學資料館，現代文學館的收藏包括作家文物、手稿與著作，並設有作家聲影區和圖書資料區，涵括文學選、作家傳記、評論、研討會論文等。除了臺灣前輩作家以外，也放眼中國當前的現代華文創作。同時，在報章雜誌上刊登的文學評論、作家訪談等資料，館方人員也

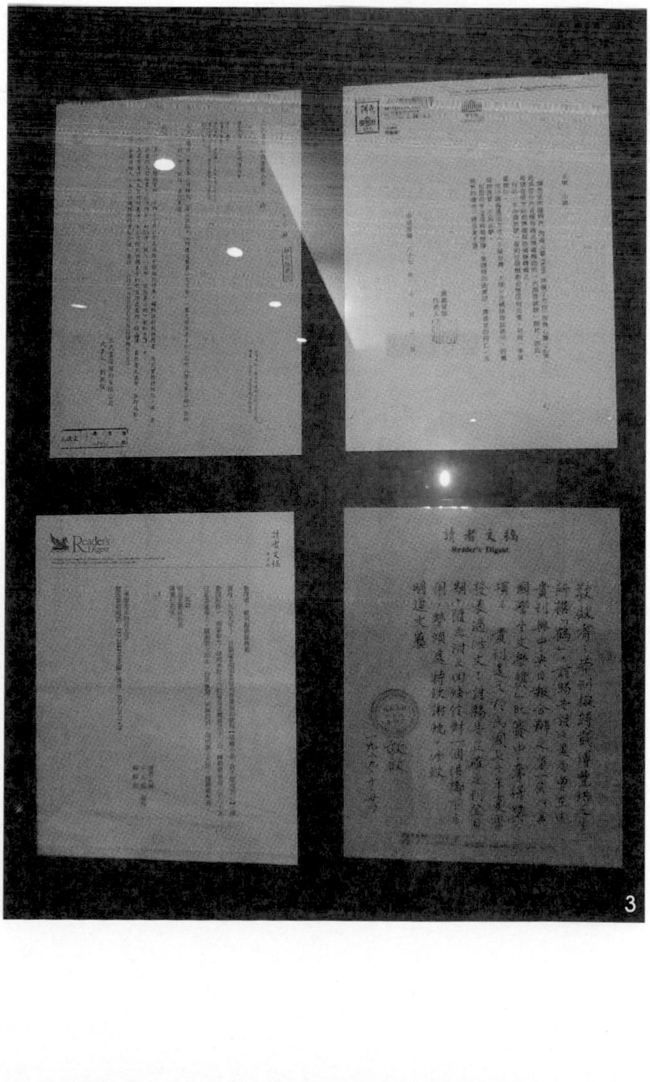

1. 《明道文藝》300期作家簽名活動展板。（賴思辰攝）
2. 鉛字印刷紙型展示。（賴思辰攝）
3. 與各出版社授權往來的書信。（賴思辰攝）

用心蒐羅剪輯建檔，目前已經累積五百多位作家、約二千多筆資料。以非官方的文學資料館而言，現代文學館致力於文學推廣與經營的用心，由此可見一斑。

然而，明道中學在《明道文藝》的基礎之上設立這座現代文學館，並不只是獨饗師生以豐厚的文學讀本與教學資料而已，結合社會資源，文學館亦致力於規劃作家主題文物展覽，在文學推廣方面有更多發揮。

二〇〇八年，明道中學成立文化創意處，嘗試延續《明道文藝》的精神，從純文學走向藝文探究的道路，與地方、國際交流，並以各種方式建立起互動的橋樑。於校內，現代文學館曾邀請知名作家進行系列演講，如傅佩榮、張曼娟、吳淡如、張大春、小野、廖輝英、余光中、柏楊、林清玄、子敏、三毛、愛亞、張曉風、陳幸蕙、亮軒、簡媜、廖玉蕙、沈謙、余秋雨、白先勇、陳若曦、隱地、吳晟、侯文詠等作家，都曾到明道中學演講，與師生進行互動。

在地方上，現代文學館也與烏日圖書館、各里的社區發展協會合作，邀請在地作家、藝術家，與社區居民一同進行閱讀。副校長林雯琪指出，為了更貼近社區居民，使得地方對展示內容的接受度更高，他們從傳統的「純文學路線」，擴充為「藝文路線」，每年十月、十一月都會舉辦藝文展演活動。例如與文建會地方文化館進行館際交流活動，活動期間也邀請中

1. 館內展示的作家素描牆。（賴思辰攝）

2. 劉真、陳幸蕙、艾雯的手稿副本。（賴思辰攝）

3. 《臺北人》作者白先勇、《藍與黑》作者王藍書信。（賴思辰攝）

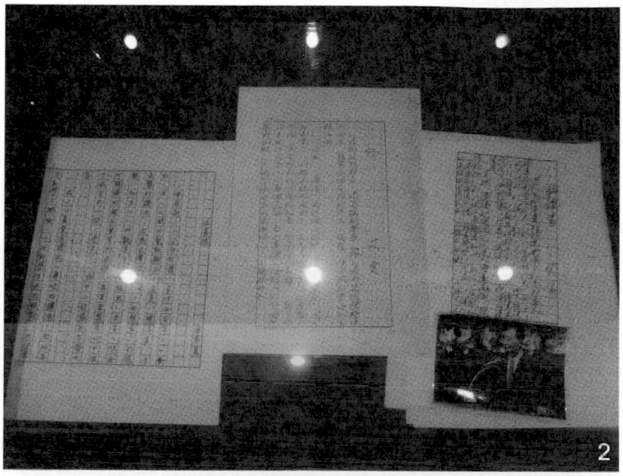

2

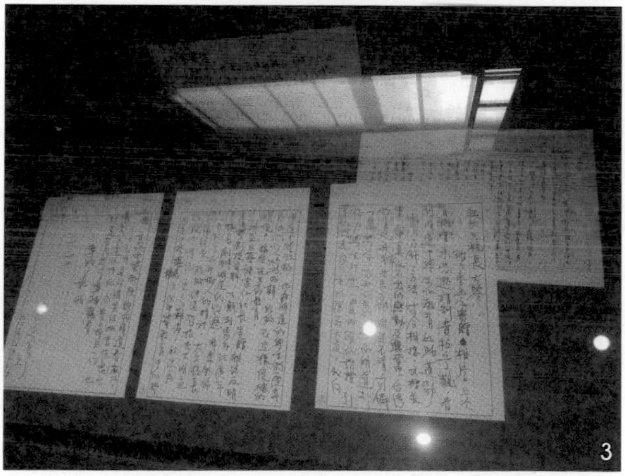

3

部各縣市中小學師生共襄盛舉，兩年來累計有近四萬人參與。而七年的深耕也有了收穫，許多地方耆老也開始進行自己的藝術創作，並由明道現代文學館規劃展出，這方面亦顯示了明道現代文學館對地方的意義與貢獻。

而在國際交流部分，除了以「華文學生文學獎」與世界接軌外，每年十二月亦會舉辦一場文學壯遊活動，規劃中國、新加坡與馬來西亞等外籍學生，與明道中學之學生共同學習，以環島的方式深入走訪臺灣各地方鄉鎮，並安排各地作家、文史工作者擔任講師，引導學員深度探索臺灣文學與文化，並激發其對華語文學的閱讀、書寫熱情，培養學生之人文關懷。二〇一五年以「書寫臺灣感動地圖」作為活動主題，讓學生在兩個禮拜內遊遍花蓮、南投、臺東、臺北、臺中、高雄等地，了解臺灣原住民文化、都會文化，並深入發掘日常生活中的美景。中臺灣由吳晟引領，讓學生體驗中臺灣土地之美；在南臺灣，則跟隨著王浩一的腳步，進入島國之南的人文風景，並從府城古都中，了解臺灣文學與文化底蘊之樣貌。接著再隨原民舞者林蕙瑛、海洋文學作家廖鴻基進入後山，看見不同於臺灣西岸的山海樣貌，並加以瞭解花東之原民、移民社會。最後由廖玉蕙談論經典小說的新解，並從臺北的都市形態，了解這個充滿遊子的城市。

明道現代文學館藉由舉辦各項講座、活動，以校園為核心，深耕地方，並連結東南亞各國進行交流。除了更具體地擴大、深入各種藝文範疇之外，館方也期待能持續透過「教育」進入校園師生、社區居民以及來自四面八方的參訪者的心中，並播下更多以關懷土地人文為其思維，進而閱讀，甚至進行創作的種子，這正是明道中學、《明道文藝》一直以來所秉持的價值核心。

1. 館藏書區及會議室一景。（賴思辰攝）

臺灣文學鬥鬧熱——賴和紀念館

採訪、撰稿：何敬堯

推開紀念館的大門，賴和知名的漢詩句「勇士當為義鬥爭」的碑牌大字便橫列眼前。身為文學家、社會運動者與醫者，這句詩全然是一個知識分子入世風骨的註腳，更適合作為認識賴和的開場詩。在一旁的賴和半身銅像，神韻維妙維肖，眼瞳中彷彿有拿著筆桿的勇士之魂還在炯炯熾燒，持續照亮臺灣歷史的暗鬱。走進這座入口的瞬間，似乎也連通了臺灣歷史的漫漫長河，引領著我們航向百年前燦爛的文學時光。

臺灣新文學之父——賴和

賴和（一八九四年～一九四三年）被尊稱為「臺灣新文學之父」，本名賴癸河，筆名則有走街先、懶雲、甫三、安都生，是日治時期臺灣新文學的奠基者。出生彰化的賴和，幼年熟習漢文，具有古典文學素養，而後進入總督府醫學校，學成後行醫濟世，一九一六年在彰化成立賴和醫院，在彰化素有「彰化媽祖」的美名。一九一八至一九一九年在廈門鼓浪嶼的博愛醫院服務期間，深切感受到中國五四運動在文化上的改舊換新，一路上思考並反省著臺灣社會被壓迫的現況。

一九二一年賴和作為臺灣文化協會的理事，除了熱誠參與社會運動，更想要藉由文學的力量來對抗不公不義的殖民統治。他的積極作為引來殖

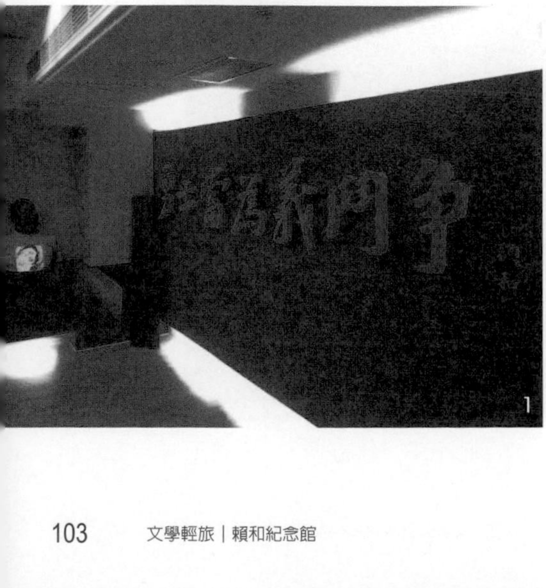

1. 賴和〈吾人〉一詩經常被引用的名詩句「勇士當為義鬥爭」碑文。（何敬堯攝）

INFO

地　　址	彰化市中正路一段242號4樓
電　　話	04-7241664
開放時間	週二至週六9:00-12:00、13:00-17:00
門　　票	免費參觀，團體參觀請於十日前預約

民者側目，在一九二三年因「治警事件」而第一次入獄，但賴和仍舊堅持自我的道路，也在《臺灣民報》擔任文學欄編輯，擔負起文化啟蒙與文學運動的先驅者角色。一九二五年發表了新詩〈覺悟下的犧牲〉與小說〈鬥鬧熱〉，此後十多年創作不輟，在古典詩、新詩、小說、隨筆散文皆有豐碩作品，例如〈南國哀歌〉、〈一桿「稱仔」〉等作品，觸及臺灣土地，關懷現實生活面向，討論農民、婦女、製糖會社、警察制度的扭曲現狀，也質疑著時代的進步發展，究竟帶給人們什麼呢？賴和在〈無聊的回憶〉中，便如此感嘆：

> 時代說進步了，的確！我也信牠很進步了，但時代進步怎地轉會使人陷到不幸的境地裡去？啊！時代的進步和人們的幸福原來是兩件事，不能放在一處併論的喲。

1

1. 館內陳設賴和生平展板與典藏文物一景。（何敬堯攝）

2. 館內的街景老照片，勾勒出賴和文學當中的老彰化輪廓。（何敬堯攝）

賴和的體悟，反映了當時臺灣人民在被殖民的境況當中，面對時代、迎接現代的種種迷惘與困頓，然而，他不只是在文字上聲嘶力竭，更是以肉身來應證時代的血淚，一手醫術救人，一手文學剖析臺灣的殖民面向，以人道主義的情感，如實寫下充滿反殖民、本土性的作品。但時勢如洪流，一九四一年十二月八日，賴和再度被捕入獄，此次被囚長達四十多日。

不同於十多年前入獄時值青年氣盛，賴和第二次被囚禁，身心狀態已不如過往，心情尤其沉重無奈，他因此在昏暗的獄燈下，以草紙撰寫〈獄中日記〉，儘管之後因病重出獄，但健康狀況卻未見好轉，而於一九四三年一月三十一日逝世，行年五十。

賴和紀念館的創立

無論是對文學藝術的追求、投身社會運動的實踐，或是身為醫者仁心在彰化留下的仁者風範，賴和都可以說是臺灣歷史上絕不容忽視的重要人物。但九〇年代時，賴和醫館卻因為地方上要開闢馬路而遭拆除。為了延續賴和精神，賴和之子賴燊與長孫賴悅顏於是在賴和醫館舊址擘畫和園大樓，並於一九九五年時在大樓十樓創立賴和紀念館，一九九七年，再將紀念館搬遷至對街四樓現址。開館至今，館內收藏著許多賴和的手稿、藏書、字畫等具有歷史意義的藏品，這些文物不僅是臺灣文學、歷史研究的重要史料，更是社會大眾親近這位前輩作家的媒介。也就是在賴和的後人以及眾多關心臺灣文史的朋友們齊心努力之下，賴和的精神與成就，才得以持續綻放著文化的火炬，點亮臺灣。

一九九四年，在紀念館創設之前，賴和長孫賴悅顏也成立了「賴和文教基金會」，積極落實本土教育，舉辦各項文藝活動、講座、甚至是文學獎，鼓勵民眾認識臺灣人文，重視鄉土，感受臺灣文學的美好風景。

進入賴和的視界

約莫六十五坪的館舍空間，鋪上木質地板，入口處設有服務櫃檯，並獨有匠心地佈置出賴和文學年表與館藏展示。

中央的空間為活動場域，可播放投影片或者進行教學。四側是玻璃展示櫥窗，左側依序陳列賴和創作的時間軸年表與作品，右側則介紹彰化城地景、歷史相片、賴和家世、求學經歷、古典詩詞手稿等資料。信步走去，盡頭的展示間則設計成賴和書房的樣式，重現當年賴和行醫看診時的診療室場景，另一邊則羅列中外文學的藏書架，顯現賴和勤於讀書的習慣。

1

1. 賴和書房。（何敬堯攝）

2. 賴和於小逸堂書齋奠下了漢學的學養基礎，館藏《小逸堂擊缽吟》錄有賴和詩作。（何敬堯攝）

3. 賴和的醫療器材，賴和雖主修婦產科，但由器材可見其看診幾乎囊括各科別。（何敬堯攝）

館內所收藏、展示的賴和文稿與遺物之所以能獲得保存，免於二戰美軍空襲的戰火波及，主要是因為當時在疏散鄉下之際，賴和之子賴燊特地將父親手稿與相關物件妥善保存，這批珍貴的物件才得以從空襲的火光中被傳承、保留至今。從賴和的作品手稿中，我們能夠看出當時臺灣社會過渡於傳統與現代之間，新舊文化交匯、撞擊，在一個作家的創作實踐與試驗過程中所留下的痕印，例如賴和的親筆手稿中，包含了古典漢文、中國白話文、臺灣話文等不同語文的書面語，文類更涵括漢詩、新詩、小說、雜文等等，包括賴和以日文寫成的醫學校上課筆記在內，我們可以從他交互運用不同語文的斑黃紙稿中，發現臺灣當時多重語言、文字交會的時代背景，以及臺灣新文學就此萌芽，著力於語文革新與實踐的深刻軌跡。除此之外，紀念館也展示了賴和的上百冊藏書，包含中文、日文、世界文學，由藏書中可看出賴和的閱讀史，及其所具備的世界性的文學視野。特別的是，館內同時也展示了諸多賴和的個人用具，包含衣帽、診療器材……，讓參訪者揣想賴和當年一邊行醫、一邊創作，又投身社會運動的生活點滴。

賴和鬥鬧熱：文學旅行、音樂節、獻花健走

賴和紀念館在每年五月紀念賴和冥誕的時節，都會舉辦一系列以賴和為主題的文學、文化推廣活動，邀請民眾共同參加，認識「和仔先」。倘若想要循著賴和的文字走訪彰化，那絕對不能錯過「賴和文學地景導覽」，地景導覽活動自二〇〇七年開辦至今，已規劃出數條旅行路線，在大約三小時的實地踏查中，帶領民眾走入賴和筆下的彰化城，感受彰化的歷史氛圍。

另一項鬧熱活動「賴和音樂節」則是起於因緣巧合。當時幾位青年學生在賴和文教基金會所舉辦的賴和文學營隊中結識，因為想進一步推廣賴和文學，便在二〇〇五年組成了「鬥鬧熱走唱隊」，共同發表《河：賴和音樂專輯》，希望將音樂與賴和文學作連結。也因為專輯問世後好評不斷，賴和文教基金會於二〇一〇年開始在彰化正式舉辦「賴和音樂節」，讓民眾認識更多臺灣的在地音樂，不論是小

1

1. 八卦山健走，獻一蕊花乎賴和。（賴和文教基金會提供）

2. 文學地景小旅行：賴和與他的左鄰右舍。（賴和文教基金會提供）

3. 《河：賴和音樂專輯》封面。（賴和文教基金會提供）

清新、青年樂團、或是臺式搖滾，接連唱出了土地芬芳，五月彰化儼然成為音樂繽紛綻放的盛季。

除了精緻的地景導覽與盛大的音樂節外，紀念館也會規劃一系列的講座，主題扣緊地方文化、擁抱家鄉，邀請作家、文史工作者分享在地經驗。「獻一蕊花乎賴和」則是藉由健走活動，認識八卦山的文化與生態，並且向賴和獻花致意。每年的這個時候，別忘了來賴和紀念館，一起參加這場走讀臺灣文學、探索彰化在地的鬥鬧熱喔！

八卦山間尋史蹟——彰化文學館．八卦山文學步道

採訪、撰稿：何敬堯

彰化的歷史與鐵路文化

彰化古名「半線」，又名「磺溪」，代表彰化人追求「公理與正義」的精神。一七二六年時，知縣倡建彰化孔廟，以「設學歷教，以彰雅化」自期，稱為「彰化」；也有「彰顯皇化」之說。自古以來，彰化即為漢人移居之地，姚嘉文在《洪豆劫》中，便敘述十八世紀，四程與洪豆夫妻兩人從唐山渡海來臺，歷經磨難，決定遷居至彰化墾田的情景：

> 不論如何，他們要先在彰化定居下來……洪豆她最不習慣這裡的風砂，秋天一到，海風吹來，將溪埔的砂粉吹入厝內，

1

床上、桌上、灶上，剛剛擦好，不一會又滿是砂土。海風自大肚溪口一路吹來，又強又大，風砂搧人，像吃了散子鳥槍一樣，四程說：「聽莊人說，若在田邊種一排刺竹，風砂就小些，田裡稻秧粟穗不會受損。」

古人的毅力，克服了艱困環境，打造出如今彰化的豐饒。而過往的長途旅行，多以雙足或牛車代步，現今則能以鐵路旅行的方式，蒞臨彰邑。

彰化火車站由於地理形式，正是臺灣鐵路山線與海線的交會點，而臺鐵縱貫線從竹南到彰化的「臺鐵海岸線」，目前還留有五座檜木造火車站：談文站（造橋）、大山站（後龍）、新埔站（通霄）、日南車站（大甲）、追分站（大肚），能一睹日治時期和風建築原貌的驛站風光。彰化火車站有臺灣唯一留存的「扇形車庫」，見證一段輝煌的鐵道史，此外，有「鐵道詩人」稱號的錦連自十六歲起便在彰化火車站電報室服務直至退休，他的詩，是一張張在鐵道旁素描而成的人生風景，在電報室守著長夜的孤寂心情，就用旅行來排解：

我喜歡單獨旅行
總覺得喜歡這樣
並非追求天地的寂寞
而走進「奧之細道」的芭蕉
那長了青苔的「寂靜」的心思
也不是廉價的傷感主義者
那種無病呻吟
而當我呆呆地從車窗眺望著

INFO

地　　址	彰化市卦山路4號
電　　話	04-7202073
開放時間	週一至週六8:00-21:00 週日8:30-17:00 週二、民俗例節日全天休館
門　　票	免費參觀

1. 彰化文學館外觀。（何敬堯攝）

那種翠綠平原　丘陵　河川
有時激打岩石濺起浪花的洶湧大海時
靜靜湧上心中的種種感情的起伏往來
因令人依戀而有點感傷

所以我喜歡隻身旅行
總覺得喜歡這樣

——〈隻身旅行〉

漫遊鐵路之行，詩人林亨泰也曾在火車上有感於山海媚麗，寫下膾炙人口的詩作〈海線〉：

左邊是山
右邊是海
那我該看哪一邊

左邊是山
右邊是海
不，我哪一邊都不看

1

我要看的
只是對面
一起談著山海的女學生

那些女孩的眸子閃耀著山的姿影
那些女孩的眸子洋溢著海的馨香
微風飄拂黑髮織成美麗的山海幻影

八卦山腳的彰化文學館

彰化是臺灣中部的行政中心，亦是南北交通聯結處，所以每當發生戰亂，彰化經常首當其衝。毗鄰彰化城的八卦山，古名「寮望山」，又名「定軍山」，古地圖寫著「半線山」。由於山勢地理之故，只要佔領了定軍山便能控制全城，因此定軍山在林爽文等戰禍之際，常是兵家必爭之地。而又名「八卦亭山」，乃因山上有一座八角形的「八卦亭」，原名為「鎮番亭」，清朝時期中部沿線的番社因不滿漢人勞役而起義反抗，清軍平亂之後，為了紀念此戰事而建鎮番亭。至於「八卦山」之名則取義《易經》的陰陽八卦而來。

彰化文學館設立在彰化市立圖書館一樓西區，而館舍入口正是位於八卦山的山腳下，也是「八卦山文學步道」的起點，不只具有歷史意涵，也懷抱著以文學刻畫時間軌跡的念想。經過三年籌備，彰化文學館於二○一五年五月正式開幕，詩人李長青也為開幕式寫作長詩〈一代宗師〉，詩中摘述串聯陳肇興、賴和、翁鬧等名家創作的文句，謳歌「眾位一代宗師們」對於彰化土地奉獻的愛與關懷：

在我們先祖摯愛的這片土地
曾有陶村詩稿深埋、淺釋
讓春泥圈讀層層粒粒，逐漸長成
記憶中那麼鮮明的時光

彰化文學館的設立目標，即是希冀能夠打造出象徵彰化文學的廣闊視野，在第一期的展覽規模，介紹居住彰化市或曾在彰化市求學、工作的文學家，因而選出了吳德功、

1. 彰化車站的扇形車庫，建於日本時代，是臺灣珍貴的鐵道景觀。（何敬堯攝）

賴和、楊守愚、陳虛谷、林亨泰、錦連、姚嘉文、康原等人作為館舍初期的展覽作家，呈現清朝、日本時代乃至當代彰化作家豐沛的文學表現。

走入文學館的廊道，八位作家的生平與作品以立牆展示，穿梭其間如同徜徉於文學之海，並且也設置電子書牆，提供民眾查找彰化作家文學的相關資訊。最後方的空間則是投影室，定期播放館方所製播的影片，影片末尾，是吳晟朗誦〈他還年輕〉一詩，喚醒了磺溪文學獨有的生命力：

我們的山脈，他還年輕
種子不斷迸裂
生命的精氣
在雲霧繚繞處瀰漫
蒼蒼莽林正在茁壯
像上天的庇蔭

彰化文學館最具特色的地方，在

1

2

3

於與彰化市立圖書館的資源進行連結。圖書館在文學活動的推廣有兩個方向。其一，培育地方志工，期望打造出「文學社區」的色彩，落實社區教育；其二，與彰師大臺文所教授合作，策劃文學相關活動，除了有八位作家的常設展，未來也陸續會有專題展、女性作家展等等。

同時，每年五月，配合市定「賴和日」，館方定期舉辦「彰化市文藝季」，結合音樂、地景導覽、囡仔歌歌唱比賽等活動，並且在寒暑假期間辦理營隊，鼓勵「兒童、親子、家庭」參與鐵道文化之旅、古蹟寺廟踏查等文史推廣旅行。

八卦山文學步道與文化園區

彰化文學館與八卦山文學步道相互連結，並與「一八九五抗日保臺史蹟館」、「彰化縣立美術館」、「彰化藝術館」等鄰近館舍形成文化園區。

走出文學館進入文學步道，彰化今昔一氣的藝文之風，迎面而來。

八卦山腳昔日是「應社」成員聚會之所，霧峰林獻堂也是座上嘉賓，一九四五年日本投降，陳虛谷便作詩〈戰後初到彰化有感〉：

六街風景不相同，
敗瓦頹垣一望中；
惟有定軍山上路，
馬櫻花似昔年紅。

過往櫻花遍開，如今八卦山馬櫻風景不再，循著文學步道往山麓前行，心中仍不免唏噓。八卦山文學步道是由作家康原構想而建，選定昔日「彰化神社」參拜道的舊址作為步道基地，並節錄十二位立碑作家，選錄詩文立於步道之上，步道終點後連接賴和的「前進」文學地標。康原曾為文學步道寫下〈文學的路〉臺語詩：

1. 彰化文學館結合圖書館功能，有豐富藏書與電子資源。（何敬堯攝）
2. 與彰化文學館結合的圖書館功能，館牆並佈置彰化文學家年表。（何敬堯攝）
3. 彰化文學館精心設計展示版，詳述入選八位作家的生平。（何敬堯攝）
4. 八卦山步道沿途設置詩牆，山林相映詩文。（何敬堯攝）

4

1. 步道終點，賴和詩牆矗立眼前。（何敬堯攝）

2. 紅毛井今景，也成為當地的土地祠。（何敬堯攝）

3. 保臺史蹟館中的古隧道現今成為歷史展覽廊道。（何敬堯攝）

寫著　孤單　坎坷的文學
路　記錄受殖民的痛苦
作家哺著家己的性命
吐絲

讀著　悲慘高貴的靈魂
一代一代　傳落去
文學的路程是毋屈辱的
礦溪流水

踅轉下山，途經彰化圖書館，來到藝術館後方，便是紅毛井，它象徵著八卦山三百年歷史的水源文化，賴和便有詩吟詠〈紅毛井〉：

紅毛去久矣，留得井一眼。
市上水自來，抱甕人不見。
木葉封井欄，泉味亦遂變。
至今護井神，冷落香煙斷。

在彰化文學館對面的是「一八九

五抗日保臺史蹟館」，館內坑道是一九五一年開挖的防空洞，如今改建為史蹟館。遙想甲午戰爭後清國戰敗、割讓臺灣與澎湖予日本，臺灣軍民為捍衛「臺灣民主國」，在彰化地區與日軍爆發一場規模最大、死傷也最為慘重的戰事，是為「乙未戰爭」。客家民軍領袖吳湯興和浙江人黑旗軍吳彭年在兵力懸殊的戰況中不敵日軍陣亡，八卦山也因而失守。二〇〇八年，「抗日保臺史蹟館」以追念犧牲軍民與戰爭歷史隆重揭幕，由防空洞走讀戰爭史蹟，並通往「乙未保臺和平紀念公園」，別具意義。

彰化藝術館是由歷史古蹟「彰化公會堂」再利用，建於日本時代，昔日是彰化市民從事宗教、慈善、學術、電影、表演之多功能會館，戰後國民政府接收並改名中山堂後，陸續經過幾個單位使用，在登錄為歷史建築後，如今則成為藝術展演的殿堂。建

3

1

2

築樣式有明顯的藝術裝飾，並綜合當時流行的新古典風格，今日看來亦不過時。

離公會堂不遠，另一座充滿現代感的彰化縣立美術館就在附近。樹枝狀鋼構是這座館舍最明顯的特徵，發想自八卦山的竹林意象，屋頂的花園平臺與八卦山自然生態環境融合，是彰化地區極有特色的造景建築。而鄰接美術館的武德殿，建於昭和四年（一九二九年），結合演武場、弓道場與祭祀所，戰後則改為彰化縣忠烈祠。臺灣各地的武德殿不但是日本政府當時推展武道的遺跡，在彰化的武德殿，還因為後方建物曾是警察局宿舍，而又與當地警政發展密切相關。

駐留於此，在鐵路、歷史古蹟與現代建物之間，宛如聽見由彰化文學館發出的列車，鳴起笛，悠悠地穿越半線古今。

1. 彰化藝術館前身為彰化公會堂，如今是彰化市民的休閒處所。（何敬堯攝）
2. 彰化縣立美術館的樹枝狀房屋構造。（何敬堯攝）
3. 古色古香的武德殿。（何敬堯攝）

3

1

重現一位東亞文英——
南投縣文學資料館‧陳千武文庫

採訪、撰稿：翁智琦

從展覽室到作家文庫

南投縣文學資料館於二〇〇七年十一月二十九日正式開館營運，成為國內首個由縣市政府成立的文學資料館，也是縣內文學史料典藏及研究發展的單位。全館規劃為八個展示區：一樓的文學乾杯、從一樓延伸到四樓的文學思路、閱讀文學琉璃牆、四樓的南投文英、文學貢獻獎名人牆、文學佳句牆、文學書海、主題展區及七樓文學講堂。由於南投縣文學資料館於成立之初邀請縣內作家組成「南投縣文學資料館諮詢委員會」，進行南投縣文學資料館規劃設計作業，而在過程中，文化局圖書科與來往的作家委員們建立了友誼，出生於南投名間

INFO

地　　址｜南投縣南投市中興路669號
電　　話｜049-2221619＃403
開放時間｜週二至週六8:30-17:30，週日8:30-17:00
每週一及春節、清明節、端午節、中秋節公休
門　　票｜免費參觀

1. 南投縣文學資料館．陳千武文庫位於南投縣文化局圖書館四樓。（翁智琦攝）

鄉弓鞋村的文學家陳千武甚至年年主動將自己的手稿、文物、作品與閱讀書籍捐給文化局圖書科珍藏；在他過世前並決意要將他所有書籍、資料、文物悉數留在故鄉南投文學資料館。

二〇一二年四月三十日陳千武病逝，陳千武夫人為他完成遺願，陸續整理遺物分批送到故鄉南投。即便陳千武在少年時期即離開南投，搬至臺中求學、生活，但故鄉的一切仍是陳千武最心心念念的精神原鄉。文化局原先計畫以紀念展的形式在文化局藝術家資料館展覽室舉辦活動，然而為讓經費與展覽達到最大效益，便轉了恆念利用圖書館既有的研習教室重新打造成永久性空間，成立了「陳千武文庫」。「陳千武文庫」期待讓更多對陳千武文學有興趣的人都能來到這裡，並持續對臺灣文學讀者的學習起到典範作用。

「陳千武文庫」位於文化局圖書館四樓，沿著樓梯一路而上，會經過一道「文學思路」。「文學思路」由南投作家作品組成，每一步臺階的移動都在見證每位文學家對生命各種課題的思索。來到四樓，一頭為「陳千武文庫」與比鄰的南投縣文學資料館，另一頭則為圖書館提供學子的閱讀空間；陳千武文庫延續陳千武生前鼓勵晚輩閱讀寫作的精神，開放作為閱讀、寫作、小組討論的空間，是讀者心目中貴賓級的閱讀寶座。而文學資料館每年規劃展出四至六檔文學主題展，日前展出「文學展：此時有聲勝

1

無聲」，將南投縣作家作品轉化為聲音、影像與戲劇的形式，供大眾了解文學作品的媒材展演多樣性。

認識陳千武

陳千武（一九二二年～二〇一二年）本名陳武雄，生於南投縣名間鄉弓鞋村，父親陳福來為名間庄役所農業技士，母親吳甘，母舅為櫟社詩人、南陔詩社社長吳維岳。陳千武的母親吳甘女士出生於南投望族，飽讀中國歷史章回小說，以《三字經》引導陳千武接觸漢學。從陳千武的詩作〈在母親的腹中〉中可以見到作家如何描述自己的文學長成早早便來自母體的養分：「我底歷史早已開始蠕動／來自柔如山羊的眼睛／暖如深谷的／賦予泥土的命運／綁在網中／掙扎於斷臍的痛苦／我底歷史早已開始蠕動／哦，在母親的腹中」。

陳千武小學就讀於皮仔寮公學校

1.「文學思路」一景。（翁智琦攝）

2. 陳千武文庫入口。（翁智琦攝）

3.「文學展：此時有聲勝無聲」主題展。（翁智琦攝）

（今南投縣名間鄉名崗國小），每日需步行五公里上下學。小學三年級時，父親認為小學校的環境才能更理解日本，便讓陳千武透過考試與校長親自面試，轉入南投小學校（今南投縣南投市南投國小）就讀。十四歲進入臺中一中就讀五年制中學，一九三八年遷居臺中豐原，開始以「千武」為筆名發表日文詩作。

就讀臺中一中期間，陳千武喜愛吉川英治的小說，開始大量閱讀文學作品。在中央書局看書時認識了《臺灣文藝》創辦人張星健，在張星健的介紹下，陳千武透過《臺灣文藝》，才始認識臺灣文學、臺灣作家。一九三九年，陳千武投稿第一篇日文詩作〈夏深夜之一刻〉至黃得時主編的《臺灣新民報・學藝欄》發表，後又獲黃得時邀請在臺中參加「臺灣文藝聯盟」會員大會，結識了張文環、楊逵、葉陶等文學前輩。這段因緣讓陳千武深刻體認到歷史意識的建立與認知的必要性，並立下「要創造屬於臺灣人自己的文學」的使命。

一九四〇年就讀臺中一中五年級時，陳千武因反對日本皇民化運動改

1. 陳千武故鄉——南投縣名間鄉的陳氏宗祠。（翁智琦攝）

2. 陳氏宗祠內有恭賀陳千武獲國家文藝獎的剪報裱框。（翁智琦攝）

3. 4. 5. 陳千武部分著作。（陳杏如攝）

姓名政策，被校方以「隔離監禁、操行丁、軍訓丙」的處罰無法升學。在苦悶打擊下更加沉迷於詩作，積極參加文學組織活動與文人交遊。一九四一年臺中一中畢業後任職於豐原製麻會社，一九四二年七月入志願兵訓練所，十二月結業。一九四三年十二月以「臺灣特別志願兵」身分在南太平洋帝汶島作戰，一九四六年七月返臺，任職於林務局八仙山林場。一九七三年二月轉任臺中市政府庶務股長，一九七六年十月擔任第一任臺中市文化中心主任，後轉任文英館館長至一九八六年六月退休。

戰後因日文被禁，陳千武以華文手抄《少年維特的煩惱》翻譯本，自學華文、華語，就此成了「跨越語言的一代」的作家。一九五八年起，陳千武以華文發表作品，使用筆名桓夫、陳千武、春岡咲人、千衣子。一九六四年與吳瀛濤、詹冰、林亨泰、錦連、趙天儀、白萩、杜國清、黃荷生等創辦「笠」詩社，並於六月十五日出版《笠》詩刊創刊號。《笠》詩刊採雙月刊模式，奠定臺灣本土現代詩的發展方向，穩健發行至今。

陳千武除了現代詩創作外，也致力於文學翻譯，尤以日本詩人作品與詩論為最。一九八〇年與韓國金光林、日本高橋喜久晴共同編輯創刊《亞洲現代詩集》，並多次參與亞洲現代詩人會議。陳千武曾以短篇小說〈獵女犯〉獲吳濁流文學獎、〈求生的慾望〉獲洪醒夫文學獎，並獲笠詩社翻譯獎、國家文藝獎等，曾任臺灣筆會會長、兒童文學協會理事長。

陳千武集詩人、小說家、評論家、翻譯家、兒童文學家於一身，出版現代詩集十幾本；小說集《獵女犯——臺灣特別志願兵的回憶》；評論集《現代詩淺說》、《詩文學散論》等；翻譯方面有華譯《日本現代詩選》、《韓國現代詩選》等；主編日譯詩集《華麗島詩集》、《臺灣現代詩》等；兒童文學方面包括兒童詩、臺灣民間故事、臺灣原住民神話傳說、童話創作等多種，著作豐富，積極與國際交流，稱他為東亞文英並不為過。

陳千武文庫與特藏資料

由於陳千武習慣居家寫作，客廳成為文友談詩、筆會的交流空間，為延續這樣的場所精神，文庫入口、客廳、書房都模擬了陳千武住家的空間擺設。展出陳千武著作、珍藏書刊、手稿、書信、獎項榮典、居家生活、書寫所使用的文物、收藏的藝術作品等。

此外，陳千武文庫為求在空間設計上也展現他的文學特質，使用了陳千武生命歷程中重要的三原色：柑紅、墨綠、白，為主要佈置用色。

3

4

5

「文庫」在地板使用淡柑紅色建材，象徵故鄉名間鄉弓鞋村的紅土地。陳千武曾在〈童年的詩〉中如此描述故鄉的印象：

赤裸的腳跟自由地跳躍
向茶園
向曠野
奔跑在燙熱的小徑
擁在族人的懷抱裡
自然的恩惠裡
我底童年
在紅土的山巔自由地跳躍

而陳千武文學年表則以大柑紅為底色，代表青年時征戰南洋的烽火，烙印陳千武成為戰爭文學作家的生命色彩。柑紅是橫亙不變的故鄉情懷，也是烙印生死的體認。

墨綠作為「密林」覆蔭意象，成為文庫天花板部分的底色。陳千武的生命歷程與「密林」有三個層面的緊密連結：在故鄉的紅土地上養育著一片密林，滋養著陳千武的童年記憶；二次大戰征戰南洋帝汶島的密林，則是陳千武在生死之間的悲歌記憶；陳千武曾於八仙山林場工作，密林是對勞動階層的關懷映射。

白色作為文庫空間的主視覺之一，象徵陳千武的個人風骨。在親友眼中的陳千武，為人謙卑、質樸，任事積極執著。白色，正是代表陳千武性格特質中最純淨的顏色。此外，白色也呼應著文英館的建築基調。

1. 陳千武生命三原色之柑紅。（翁智琦攝）
2. 陳千武文庫的公領域設計。天花板十五盞斗笠燈象徵笠詩社創設時的成員。（翁智琦攝）
3. 陳千武生命三原色之墨綠，作為天花板基調，隱示陳千武的生命歷程與「密林」覆蔭三個層面的緊密連結。而劃分公領域、私領域的竹聯，上有巫永福書法寫「千武先生」的藏頭詩。（翁智琦攝陳千武文庫以竹簾作為作家公領域與私領域的空間分野，自文庫入口進入是公領域範圍，在竹簾背後則是仿造陳千武客廳與書房佈置打造而成的私領域空間。在公領域範圍正中間有一張大桌，四周圍繞以陳千武的文學年表以及豐富藏書。大桌正上方嵌以十五盞斗笠設計燈，象徵笠詩社創辦時期的十五位成員。由於笠詩社強調成員之間的交流，因此文庫特地在此擺放大桌，歡迎讀者隨時前來閱讀、討論。此外，資料館所舉辦的不定期小型講座也會在此舉行。

再走幾步，竹簾後的是私領域。在這裡可以看到陳千武的書房與客廳，為營造現場感，家具擺設皆忠實仿造陳千武住家的空間，在陳千武客廳時常展開的是資料館的行政部門會議。在客廳牆邊，停靠著一輛舊型腳踏車，歷時三十餘年。這是陳千武多年來的交通工具，也是他接送孫女上下

1

學的座騎。

濃厚的故鄉情懷，驅動陳千武將多年來私藏的書刊與作品文物悉數捐贈南投縣文學資料館典藏。由於文庫空間不足，因此資料館針對陳千武文學特質，每半年籌備一次陳千武主題展。繼二〇一四年出版向大師致敬——陳千武翻譯選集後，二〇一五年將再出版向大師致敬——陳千武作品集八冊，屆時，這位東亞文英的研究，肯定又能在臺灣文學研究上掀起另一波風潮。

1. 文庫中的陳千武書房。（翁智琦攝）
2. 文庫中的陳千武客廳。（翁智琦攝）
3. 陪伴陳千武三十餘年的交通工具。（翁智琦攝）

2

3

乘載愛與知識的一條船——
鄭豐喜紀念圖書館

採訪、撰稿：江冠葦

在故鄉留下一座圖書館

「鄭豐喜」這個名字，相信對許多人來說並不陌生，無論是課本或是電視都曾報導過鄭豐喜先生的事蹟。他與天生的肢體殘缺抗衡、努力不懈的故事，令其獲得十大傑出青年表揚，並於大學畢業後回到家鄉的中學任教。無奈的是，這樣動人的生命，卻在三十一歲時不幸因肝癌過世，大愛遺留人間。遺孀吳繼釗女士為了完成先生的遺願並紀念他，希望透過鄭豐喜的故事鼓勵更多口湖鄉的孩子，發揚他奮發向上、勤學的精神，又因有感於鄭豐喜的故鄉——口湖的教育資源不足，因而成立了「鄭豐喜教育文化基金會」，幫助身障弱勢學童就學，並在這小鄉村籌建紀念圖書館，以鄭豐喜的名義來回饋鄉里。

鄭豐喜紀念圖書館的規模，或許無法與都市圖書館相比。但在沒有太多奧援的偏鄉地方，憑藉著政府的資金挹注和社會各界的捐助，能令圖書館達到目前的格局，已是十分難得。特別是圖書館的主建物，是由知名建築師李祖原先生義務參與外型設計，將外觀設計成帆船的造型，佇立在寬闊的馬路和田野之間，呼應著鄭豐喜的作品《汪洋中的一條船》的概念：

INFO

地　　址	雲林縣口湖鄉中正路一段43號
電　　話	05-7894134
開放時間	8:00-12:00、13:30-17:30 週一及國定例假日例行休館
門　　票	免費參觀

1. 鄭豐喜紀念圖書館。（江冠葦攝）

「我像隻要衝越海洋的破船，只顧向茫茫的大海駛去！駛去！」船型的建築也表現了圖書館漂泊在口湖鄉的田野上，和鄭豐喜一樣爬過濕軟的泥土，坑坑洞洞的砂石地，磨破了手掌和膝蓋，也要為故鄉學童乘載著愛與知識，航向更多元更遼闊的世界的意義。

進到圖書館前的中庭，兩側的櫥窗展示了鄭豐喜先生的遺物照片，包括著作、義肢、獲選十大傑出青年表揚典禮等照片供人參觀。這不只為鄭豐喜的一生留下紀錄，同時也讓他好學不倦的精神，透過這些物品的保留得以傳承。「一枝草，一點露，天無絕人之路。」在鄭豐喜的奮鬥史中總會看到像這樣勉勵自己的話語，他愛過也恨過，終究是「爬」出了自己的一條路。

採光充足的中庭也設有戶外休憩空間和桌椅，讓圖書館多了許多閱讀

以外的活力和朝氣。進到館內，空間雖不大但設備非常齊全，特別是為了呼應鄭豐喜教育文化基金會長年致力於服務身心障礙學童的立案宗旨，館內的無障礙設施相當完善。圖書館的一樓除了流通櫃檯外，還設有視聽中心、網路查詢設備、兒童書庫和閱覽室；二樓書庫則為圖書館主要館藏空間，藏書近四萬冊，以兒童圖書和親子教育類別為大宗。值得一提的是，鄭豐喜先生在作品中時常提及小時候和哥哥捉青蛙、圈養雞鴨、撿番薯的故事，可見農、漁業為口湖地區的主要產業，館內也因應這樣的地區風貌，收藏了許多相關的技能圖書。

兒童圖書室在暑假顯得格外熱鬧，各種圖畫書吸引著一雙雙透澈、充滿好奇的眼睛，透過書本和知識的傳播，讓偏鄉的孩子有更多管道接觸世界。圖書館內配有明亮舒適的閱覽空間，從閱覽室的窗外望去就是一望無

1. 圖書館的戶外閱讀空間。（江冠葦攝）

2. 藏書豐富的兒童圖書室。（江冠葦攝）

3. 好書交換書架。（江冠葦攝）

4. 靜謐舒適的閱覽室。（江冠葦攝）

3

4

際的田野，民眾能安靜自在地在此享受閱讀的樂趣。除了圖書借閱，圖書館也安排於每週六下午三點在視聽中心播放電影，邀請居民和家人朋友一起到圖書館欣賞影片，同時也辦理了各種閱讀推廣活動，希望帶動地方閱讀風氣，讓閱讀走進每一個人的生活。

令人印象深刻的是，圖書館也安排了「好書交換」的書架，這排書架上的書籍，都是透過「以書易書」的方式，邀請民眾將自己已經看過或是不再需要的書籍帶過來，交換其他書本回去，館方會將民眾帶過來的書重新整理、清潔後上架供人交換閱讀。這樣交換的過程，就是希望讓知識流動，將愛與知識分享給更多人，也為圖書館增加了更多的互動，促使人與人之間的分享。藉由分享，也傳遞了比知識更為珍貴的寶藏。

鄭豐喜紀念圖書館與口湖鄉居民的生活密不可分，除了藏書，圖書館也訂閱各種類型的報章雜誌，讓圖書館不只是知識探索的空間，更是口湖鄉居民休憩、放鬆的好去處，甚至也成了觀光客到口湖必訪的景點之一。它像孩子們的安親班，或是一個個年輕學子的K書中心。「這裡有和我一樣貧窮一樣吃苦的學生，有和我一樣赤腳，帶著地瓜簽上學的兒童。」鄭豐喜紀念圖書館的成立，完整落實了鄭豐喜生前的遺志——要造福故鄉的孩子們，擁有一個更好、更豐富的教育與閱讀環境。

成龍社區

來到口湖鄉，圖書館附近的成龍社區和鄭豐喜的故居

1

1. 荒廢了近三十年的成龍集會所，過去曾是成龍社區學童的讀書空間。在成龍溼地三代班的協助下，邀請藝術家重新改造美化，目前成為遊客必去的景點。（江冠葦攝）

2. 集會所內部以色彩繽紛磁磚，拼貼佈置了特別的藝術空間。（江冠葦攝）

3. 成龍溼地。（江冠葦攝）

也值得一訪，看看鄭豐喜童年生活的地方。儘管書中時常描繪的農村景色早已因時代變遷有所改變，但我們依然能想像當時鄭豐喜吃過的苦、爬過的路，以及這片土地一直以來的豐沛生命力。

觀樹教育基金會在口湖鄉的成龍社區成立了「成龍溼地三代班」，開啟了成龍社區的改造計畫。成龍社區是個舊漁村，有著一大片廣闊的濕地，聽當地人說，成龍濕地原為農田，多年前因為颱風過境，海水倒灌嚴重，低窪地區排水不易，於是形成了今天的溼地樣貌。良田成了濕地，居民也得重新學習與這片土地相處。在成龍濕地上能看見原本建在農田上的祖墳，像是一座小島孤單地浮在水面，各種水鳥在濕地區覓食、休憩，成龍溼地成為了水鳥的天堂，而特別的是，濕地上還散布著各種不同的裝置地景藝術作品。

在成龍溼地三代班和社區居民的合作下，促成了「成龍溼地國際環境藝術節」，希望透過地景藝術讓更多人關注濕地保護議題。自二〇一〇年開辦至今，邀請來自各個國家的藝術家參展，為濕地帶來了觀光資源，也因此讓更多居民開始認識濕地的生態與文化。當地居民多以養殖水產為業，於是藝術家們便以漁村、漁業及濕地為主題，使用當地天然的環保素材作為創作媒材，如蚵殼、竹子、木材等等，在濕地上創作大型裝置作品。

藝術家和村民們並不擔心這樣的作品能在南臺灣這樣炙熱多變的氣候裡保存多久，這樣的環保作品象徵著人與土地之間的關係，就和人一樣，這些作品最終會隨著時間和環境的變化，自然地回歸土地。這是一場藝術展覽，卻也是一次學習如何與大自然相處的練習，一切泰若自然，生命就是過客，而土地必須常在。

除了地景藝術，成龍溼地三代班也帶領當地居民與成龍國小的孩子們合作，以色彩活潑的壁畫和裝置藝術點綴社區，為老舊的小漁村注入了新生命，更讓午後的成龍社區多了幾串漫步的腳印和笑聲。

後厝村——鄭豐喜故居

鄭豐喜的故居位於口湖鄉後厝村，是一棟閩南式的三合院建築，正屋與左右護龍各自獨立，其中右護龍保留了鄭豐喜生前大部分的傢俱、書籍和個人物品，且部分家族成員仍居住於此。雖然鄭豐喜過世許久，房間依然整理得乾淨，擺放整齊，維持了舊有的原貌，在沒有任何保護的警語或圍欄下，好似歡迎著人們自在地拜訪一樣。而他在《汪洋中的一條船》當中所提到的

茅草屋和糞土所砌成的牆，也早已修復了幾回。

鄭豐喜故居的周圍也有許多閩南式建築被保存了下來，甚至許多舊房舍中都還有居民居住，是口湖鄉的珍貴歷史資產。但匆匆行過，幾隻野狗也見怪不怪似的，懶洋洋地或坐或躺，看著我們來來去去，就像口湖鄉的人口一樣，年輕人走了，留下的是風景，和那些三合院門口的寂寞。

儘管如此，在這裡，還是有著鄭豐喜紀念圖書館的守候，以及口湖居民對家鄉、土地的熱愛與關心。在黃昏的濕地上聽水鳥爭吵一樣的叫聲，招潮蟹調皮地揮著手，像是在挑釁著誰，許多你我未曾見過的風景，風中有著「人」的溫度。

如果你也到了這裡，別忘了關掉那些響個不停的電子產品，用自己最舒適的速度好好享受口湖的風光吧！

1. 成龍社區一隅。（江冠葦攝）
2. 後厝村的水溝蓋。（江冠葦攝）
3. 鄭豐喜故居。（江冠葦攝）

百年風華中遇見美麗島文學——
國立臺灣文學館

採訪、撰稿：宋家瑜

來到臺南，必定是一段打開五官重新認識臺灣的體驗：你可以透過舌頭品味臺灣獨特的飲食文化，手掌輕輕碰觸留有彈孔的磚牆，那是戰爭的傷痕，讓身體感受盛夏的風拂拭閃亮鹽田的黏稠，伸手張開的十指，以借位捧起眼界所及的「黑面仔」，家喻戶曉的黑面琵鷺呢。而你可曾想過，這些你嚐過、摸過、聞過、聽過的臺灣事物，都被許多作家用文字記錄下來，讓讀者透過閱讀，就能馳騁在聽覺、觸覺甚至味覺的想像中探索臺灣：無論是被殖民者的吶喊、鹽田兒女的苦鹹人生、以母語彈唱的民謠傳奇、飲食文學的味蕾記憶，文學用最詩意柔軟的方式，儲存不同年代和族

1

群的記憶，帶領讀者看見臺灣的美麗與哀愁。

旅行與文學，是緊密扣連的生活美學與體驗，所以古人云：「讀萬卷書，行萬里路。」也有作家說：「要麼讀書，要麼旅行，身體和靈魂總有一個在路上。」如果說「行萬里路」——行旅臺灣，能夠快速直接地感受臺灣之美的震撼，那「讀萬卷書」——讀臺灣文學，就是以漫長的時間穿梭臺灣的過去、現在與未來，感受這座島嶼獨特的生命力，相信一個喜歡在臺灣旅行的人，必然也能從臺灣文學作品中獲取源源不絕的感動與能量。所以，當你來到臺南時，不妨緩下旅途的步伐，走進國立臺灣文學館，遊走在作家的字跡手稿中，細細地閱讀展板，凝視泛黃的稿紙與書籍，開啟另一個認識臺灣的視野。

從土地長出來的文學博物館

國立臺灣文學館座落於臺南市中心的民生綠園旁，這棟建於日本時代的仿西式建築，典雅莊嚴、氣勢非凡，倘若自一九一六年完工時起算，如今它已伴隨好幾代的臺南市民，經歷了臺灣府城百年的風霜，並成為臺灣文學指標性的國家級博物館。更重要的是，這第一座國家級的臺灣文學博物館，象徵著臺灣文學歷經荷蘭、明鄭、清領、日治到戰後，發展至今已超過三百年的歷史與文化積澱，所累積大量的文學作品，終於隨著臺灣文

INFO

地　址	臺南市中西區中正路1號
電　話	06-2217201
開放時間	9:00-18:00，週五週六延長至21:00閉館 週一休館
門　票	免費參觀

1. 國立臺灣文學館入口。（林柏樑攝，國立臺灣文學館提供）

學系所的建制，以及各地文學博物館的成立，獲得系統性的保存與研究。

然而，「臺灣文學」的出現並非自然天成，而是晚近三十年努力的成果。在臺灣歷來特殊的政治、社會與歷史脈絡下，人們過去鮮少能真正地認識自己所居處的故鄉，縱然對臺灣土地有堅韌的認同情感，在高壓的政治環境下也難以表達。時至今日，仍有許多人抱持著「什麼是臺灣文學？」的疑問，這也是臺灣文學為什麼如今還亟需普及、推廣的原因。

也因此，國立臺灣文學館的設立，在臺灣的歷史與文學史上顯得別具意義。一九九一年時，行政院通過文建會提出的「現代文學資料館」計畫，而後併入「籌設文化資產保存研究計畫」並設有「文學史料組」，當時在各界關切臺灣文學發展人士的奔走之下，經歷多次協商與溝通，行政院終於在一九九八年將「文學史料組」提升為「國家文學館」，並於二〇〇三年擇定過往臺灣先賢成立「臺灣文化協會」的十月十七日為開幕日，最後於二〇〇七年定名為「國立臺灣文學館」。

作為全臺首座國家級臺灣文學博

1. 仿西式的建築式樣，成為館舍最鮮明的特色。（林柏樑攝，國立臺灣文學館提供）

2. 馬薩頂。（宋家瑜攝）

物館，臺文館除了文學史料之蒐藏、保存與研究的任務外，更期望以各式展覽、活動與推廣教育，讓民眾更親近臺灣的文學與文化。所以，館內不但有高品質、高規格的展覽設計，對研究人員而言，也有相當珍貴的史料與館內研究成果等待挖掘。不過在進入文學館前，我們或許已被壯麗的館舍外觀和它本身的歷史所吸引，事實上，這棟建築其實也見證了日治臺灣在文學藝術之外，於建築工藝方面所展現出的另一個文化側面，在經過整修與活化再利用之後，如今與臺灣文學緊密接合起來。在進入臺灣文學的歷史長河之前，不妨就先順著旅途的腳步，仔細地欣賞這棟美麗的百年遺跡吧！

建築美學與文學的交會

國立臺灣文學館的前身為日治時期管轄臺南州的衙署「臺南州廳」，戰後曾為空軍供應司令部及臺南市政府所用，經過修復，此建築成為臺灣近年來官方建築修復再利用的重要案例，並於二〇〇三年由內政部指定為國定古蹟。

原臺南州廳於一九一六年完工啟用，是由建築師森山松之助所設計。森山松之助在臺灣總督府營繕課技師任內建造了許多經典作品，諸如當時的臺灣總督府（今總統府）、臺北州廳（今監察院）、臺中州聽（今臺中市政府部分單位辦公廳舍）等建物，皆出自其手筆。臺南州廳建築屬西洋歷史式樣，與兩側衛塔構成具有古典平衡的建築美學，為當時官制建築之典範。仔細觀察整棟建築的構造，可以發現許多日治時期仿西式的建築特色。在館內的「舊建築新生命」常設展當中，也展示了建築的修復過程及歷史照片。

這棟建築的屋頂是盛行於十九世紀中葉法國的「馬薩頂」（Mansard Roof）式樣，許多日治時期的建築如臺北賓館、監察院、新竹火車站也都採用此一形式之屋頂，這些古蹟不只讓我們看出日治時期建築受西方影響之深，也為地景不斷變化的城市留下

歷史與歲月的見證。

此外，從昔日官員辦公的市政府，到展示文學典藏的臺灣文學館，這棟建築著實增加了許多人文色彩。最吸引人的莫過於館外兩側的文學燈箱步道，每座燈箱都印上臺灣作家的詩文短句手跡，你或許可以試著朗讀張芳慈和杜潘芳格的客語詩，也可以靜靜地讀到楊逵與賴和對時代與社會的反思，下一個登場的則是王昶雄的詩作〈阮若打開心內的門窗〉，這首詩經過改編，如今已是人人耳熟能詳的臺語歌。原來，臺灣文學就在我們熟悉的生活之中！在夜裡，作家們的文思與字跡透過光線映照出來，更將文學與建築巧妙地融為一體，倘若你是夜間散步到此，別忘了駐足欣賞這最美的風景。

館外的氣勢令人驚豔，館內亦有不少日治建築的經典細節。仔細觀察，不難發現精巧的「重錘式窗戶」，有

3

1

2

1. 印有作家名句的文學燈箱。（宋家瑜攝）

2. 重錘式窗戶。（宋家瑜攝）

3. 國立臺灣文學館館內文學光廊一景。（宋家瑜攝）

4. 典藏文物：鍾理和〈笠山農場〉手稿與作品集。（宋家瑜攝）

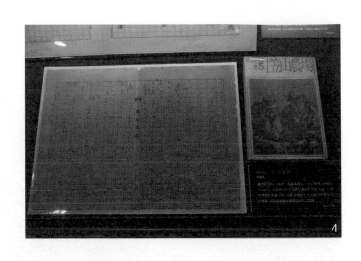

別於現代建築常見的窗扇以左右滑動開闔，「重錘式」乃為上下開闔式的窗戶形式，在左右窗框內設有滑輪和與窗扇等重的平衡錘，利用重力原理使窗扇停留在所要的位置。這是日治時期仿西式建築中常見的窗戶形式，也是過往精緻的設計概念與生活巧思。

進入臺灣文學的內在世界

臺文館的一樓與二樓共有五個展廳，除了常設展以外，也會不定時推出特展。開館至今，臺文館已策劃上百場相關展覽，主題涵蓋臺灣的地方文學（臺南文學、澎湖文學、金門馬祖文學）、作家捐贈展（龍瑛宗、陳千武、施叔青）、各種文類與團體（勞農文學、戰後古典詩、笠詩社），也包含國際交流特展（巴爾札克、俄羅斯文學三巨人、鈞特・葛拉斯、莎士比亞）等等，每場展覽都推介了不同時期、不同類型的作家及文學作品，展覽主題之豐富，也呼應了臺灣文學的多元發展，並放眼世界文學。無論何時到訪，都會有不同的展覽驚喜等著讀者探索。

初訪臺文館，最不能錯過的就是「臺灣文學的內在世界」常設展。無論是已有涉獵或略知一二的讀者，看完這場展覽後，都會對臺灣文學有更完整的認識與想法。這場展覽分為「山海的召喚」、「族群的對話」、「文學的榮景」三大展區，主軸扣緊臺灣文學多族共榮的特色，從自然、社會、現代化三個面向選取最具代表性的文學作品展示推介，帶領觀眾認識臺灣文學的發展歷程。展品除了作家的珍貴手稿，如賴和〈一桿秤仔〉筆記、李喬《寒夜三部曲》、鍾理和手稿之外，也有文學史上的重要雜誌，像是《臺灣民報》創刊號、《現代文學》復刊第一期。這裡的文物，彷彿

1

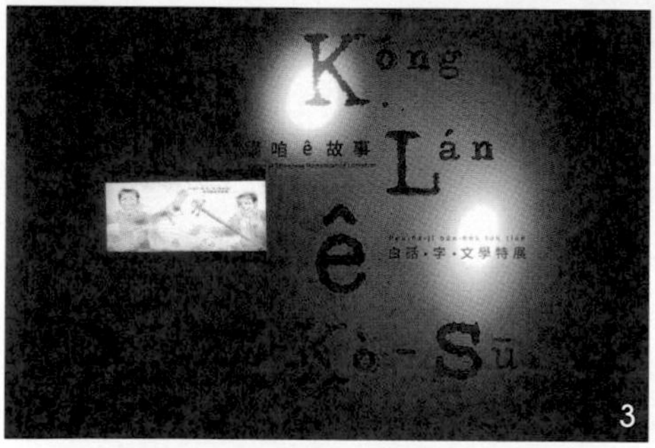

3

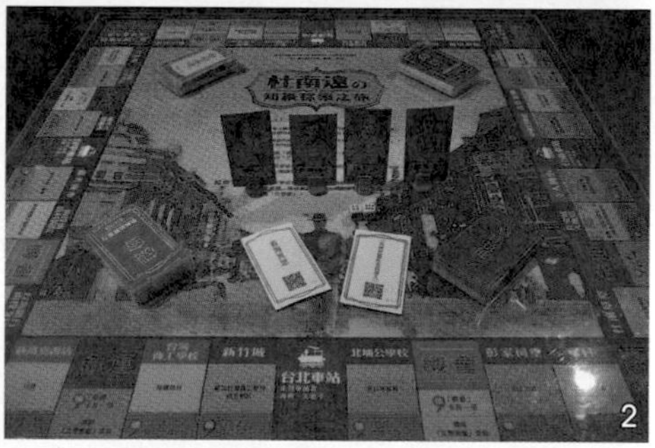

2

還有著時代的呼吸與脈動，無論是作家的想望或文學思潮的流變，都是臺灣文學的點滴涓流，流成一條美麗島文學的長河。

融合文學傳統與高科技裝置的展覽，也是臺文館吸引人的特色之一，例如以小型劇場模型配合人物立體投影的3D魔幻劇場，播放著改編自賴和〈一桿秤仔〉與林海音〈蟹殼黃〉劇作，讓文學文本活在眼前。或也可以來到模擬作家寫作的展場，坐在藤椅上輕觸桌上的筆、桌燈、電腦鍵盤等模型，聽作家朗讀其文學作品，感受與其一同寫作的氛圍。

臺灣是多文化、多語言的命運共同體，在文學上的多語表現，自然是臺灣文學重要的內涵與表現之一。除了華語文學，我們還可以聽見島嶼上悠揚的各族原住民族語，Hō-ló話（現在普遍稱為臺語）、客語的在地聲音，在作家的努力之下化為書面文字，更進一步提煉出豐富的文學美感，以「我手寫我口」為概念，跳脫單一語言和文字的思惟，更加貼近臺灣人民生活。也因此，臺文館特別致力於介紹臺灣不同族群的母語寫作，除了早先策劃的「臺灣本土母語文學」常設展，讓社會大眾認識原住民語、客語、臺語文學的面貌以外，至近還有「講咱 ê 故事：白話．字．文學」特展，介紹白話字（Pe̍h-ōe-jī、POJ）臺語文背後的歷史脈絡及其豐沛的文學作品，呈現「書寫自己的語言」的重要性。

成為一座屬於每個人的文學館

文學博物館向來給人一種嚴肅沉靜、不易親近的印象，但臺文館一樓藝文大廳的閱覽區，卻總是能看到民眾在這裡閒適自在地閱讀。事實上，臺文館不僅是博物館與研究中心，館內還提供了各式各樣的空間讓不同需求的讀者可以徜徉在探索知識、親近文學的美好氛圍中。

入口一樓右側的兒童文學書房，堪稱是全館裝潢最溫馨舒適的空間，裡面擺設許多幼兒圖畫書、繪本、青少年文學、國內外得獎的兒童文學等作品，讓親子能共同享受愉快的閱讀時光；一樓藝文大廳放置每日報紙，採光明亮的開放式空間，不用換證即可自由入坐，吸引許多市民前來閱報；地下一樓有特藏區和圖書室，收藏了大量臺灣文學相關書籍與期刊提供閱覽，除了書報雜誌，讀者也可以借閱電影光碟於區域內觀賞，尤其是許多改編自臺灣文學的經典電影，在文字與影像的翻譯之間，文學有著更多豐富的可能性。

若想喝杯咖啡享受文青的午後時光，也可以到館內東側有著濃濃文學氛圍的咖啡店休息，翻看臺文館展售的出版品，以及印著作家手跡的文創

1. 模擬作家寫作現場，將手放在筆記本上即投影出作家字跡、播放作家讀稿的聲音。（宋家瑜攝）
2. 將龍瑛宗的作家特質與其作品結合成文學家版本的「大富翁遊戲」。（宋家瑜攝）
3 白話字特展入口的歌仔頭影片。（宋家瑜攝）
4. B1圖書室。（宋家瑜攝）

1. 兒童文學書房。（宋家瑜攝）

2. 文學館咖啡店的作家手跡杯墊。（宋家瑜攝）

3. 服務臺可免費租借導覽機，亦設有導覽APP的QR Code供民眾下載。（宋家瑜攝）

4. 臺灣文學行動博物館。（國立臺灣文學館提供）

杯墊。幸運的話，或許還可以遇見哪位作家剛好也到臺文館呢！

如果決定在週末到訪，可以先上臺文館網站查看演講訊息，索票參加一場精采的「府城講壇」。臺文館每月一場的府城講壇，都會邀請藝文人士分享文學觀點與人生視野，聽眾報名踴躍，往往也激盪出許多深刻的對話與交流。

此外，臺文館與周圍的古蹟、書店，也構成了特殊的藝文生活圈，喜歡旅行的讀者，可以走訪附近的葉石濤文學紀念館、草祭二手書店、府城舊冊店、林百貨、孔廟，體驗府城獨特的人文氛圍。在這裡走晃一圈，你會發現臺灣文學從來就不是關在室內的學問，臺灣文學是鎔鑄於我們生活縫隙中的文化精神，正因這座島嶼的文化歷經多元族群的融合與變遷，人們也在複雜的歷史經驗中，不斷尋找著邁向未來的道路，這片土地所孕育的作家及作品才會如此地打動人心。

臺文館有許多精采的臺灣文學講座，但不一定要到臺南才能聽到。例如臺文館所策劃「文學迴鄉系列」演講活動，邀請知名作家至全臺各地演講，向民眾分享見聞與想法，讀者即使無法到臺南，也可以就近參與到臺文館精心規劃的文學饗宴。而經過了一趟如此豐盛的文學之旅後，臺文館還會陪著你再走得更遠一些！除了在館內展示臺灣文學文物，臺文館還有一臺用四十五呎貨櫃車打造的「臺灣文學行動博物館」，持續到臺灣各地做移動展覽，自二〇〇〇年起巡迴展出，已於二〇一二年繞行臺灣一圈。行動博物館內建許多影音設施與互動式裝置，帶領讀者認識臺灣文學傳遞的庶民美學，或許下次，文學館就出現在你家旁邊囉！

3

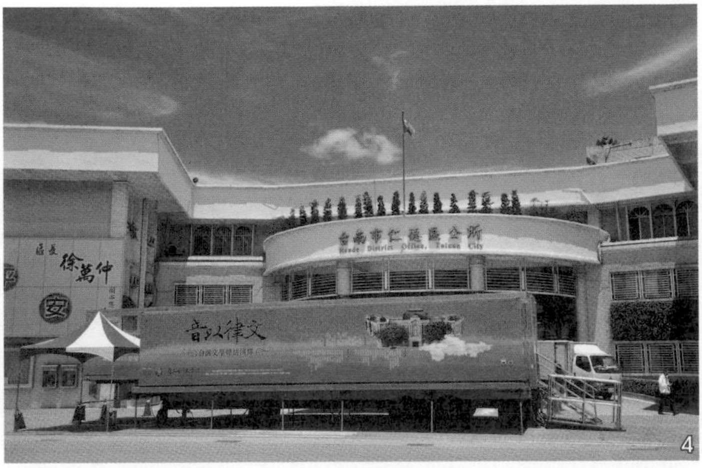

4

沒有土地，哪有文學——葉石濤文學紀念館

採訪、撰稿：蘇宇翎

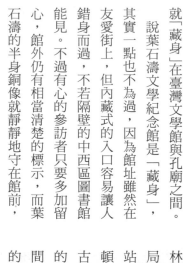

一幢建物，兩種飄盪

沿著民生綠園的圓環走繞，國立臺灣文學館靜立在中正路那頭，這一帶從日治時期至今，就都是古都府城的發展重心，鄰近還有「全臺首學」孔廟，以及未來即將成立的臺南美術館等眾多古蹟，而葉石濤文學紀念館就「藏身」在臺灣文學館與孔廟之間。

說葉石濤文學紀念館是「藏身」，其實一點也不為過，因為館址雖然在友愛街上，但內藏式的入口容易讓人錯身而過，不若隔壁的中西區圖書館能見。不過有心的參訪者只要多加留心，館外仍有相當清楚的標示，而葉石濤的半身銅像就靜靜地守在館前，凝視著他深愛的故鄉府城，一如往昔。

現今的葉石濤文學紀念館，建物前身為臺南山林事務所，起源於一九〇二年臺灣總督府殖產部在此成立林務課，專責培育管理林產，二戰後則由國民政府籌組林務局，更名為楠農林區管理處，之後又變成臺灣省林務局嘉義林區管理處臺南工作站。工作站遷移後，經臺南市政府接收與整頓，終於在二〇〇二年被指定為市定古蹟，一樓作為餐廳及孔廟文化園區的旅遊資訊中心，爾後又成為展覽空間。直至二〇一二年八月，在市政府的促成下，拍板定案成為葉石濤文學

1. 文學館前的葉石濤雕像。（蘇宇翎攝）

2. 葉石濤文學紀念館一景。（蘇宇翎攝）

INFO

地　址	臺南市中西區友愛街8-3號
電　話	06-2215065
開放時間	週二至週日9:00-17:00 除夕、週一固定休館
門　票	免費參觀

2

紀念館，並於十一日正式開館。

這棟過去經過多方移轉、人事流動，甚難定位的建築物，其多變的命運彷彿葉石濤飄盪的一生。在如此偶然的結合之後，曾經閒置的古蹟終於有了新生命，也因為用以紀念在地作家葉石濤，這個空間又多了一層關於臺灣文學與歷史的意義。

用一生，為臺灣文學立座標

葉石濤（一九二五年～二〇〇八年），出生於臺南白金町（今民生路三巷十六號），他自小學習漢文，先後進入末廣公學校（今臺南市進學國小）、臺南州立二中（今國立臺南一中前身）就讀。由於中學時就廣泛閱讀世界文學作品，葉石濤在十六歲那年便以日文寫出第一篇小說〈媽祖祭〉，投稿於張文環所主編的《臺灣文學》，由此踏出了文學創作之路的第一步。十九歲那年，葉石濤應聘來

1

2

到日人作家西川滿所主持的《文藝臺灣》雜誌社擔任助理編輯，開始大量發表作品，他一邊擔任教職一邊創作，尤以小說見長。

時間來到日治末期、戰後初期，對當時的臺灣作家而言，無論是文學、文化或政治環境，都進入了一陣風風火火的過渡與交替時期，經歷了二二八事件後尤其敏感。一九五一年，正是葉石濤二十六歲那年，他在白色恐怖風聲鶴唳的時局中遭到保密局逮捕，被控「知匪不報」而被判處五年有期徒刑，坐牢三年。出獄後，葉石濤無法回到原來學校任教，只好不斷地到處代課，也因此一度中斷文學創作長達十五年。一九六五年時，葉石濤舉家遷往高雄左營定居，並且開始以作家、作品論觀點持續書寫、發表，在一九八七年完成了《臺灣文學史綱》一書，成為第一部以臺灣人觀點所寫的臺灣文學史，極具歷史意義。此後葉石濤也更積極地發表文學作品與評論，出席、參與各項文學活動與講演。

除了文學史上毋庸置疑的地位外，葉石濤在他的小說中，也時常以古都府城作為背景，裡頭記錄著早期的舊地名，例如：白金町、大井頭、葫蘆巷、米街等，甚至在雜記中，總是流露出自己對臺南土地的懷念及想望，而他對臺南最廣為人知的一句描述是：「這是個適於人們做夢、幹活、戀愛、結婚，悠然過日子的好地方。」被認為是對府城臺南最佳的註解。

館藏與活動

葉石濤畢生致力於文學，身兼作家與評論者，其豐富的創作及評論，深刻影響了臺灣文學的研究與體制化，在文學史上的重要性不言可喻。然而葉石濤文學紀念館的成立，並不

1. 昔日的山林事務所，現為葉石濤文學紀念館。（蘇宇翎攝）

2. 葉石濤文學紀念館附近古蹟林立，對街正是氣勢雄偉的武德殿。（蘇宇翎攝）

3. 葉石濤對臺南的喜愛與眷戀，都深切地融入在這句話中。（蘇宇翎攝）

僅僅是紀念而已，配合館藏展示與文學講座活動，紀念館可說是無時無刻都在發揚、傳承葉石濤所建構的臺灣文學史觀。

走進葉石濤文學紀念館，一樓為葉石濤文物展，裡頭有生平年區、文學貢獻區、手稿文物區、文學地景、電視影像、著作評論及功勳獎章區。在這裡，我們可以看到葉石濤與文壇上友人來往的書信，從字裡行間感受彼此溫情的問候，或許創作時的孤寂，特別是在臺灣文學尚未浮出文學史地表之前的孤寂，都在這問候之間獲得了些許慰藉與排解吧？

而在紀念館成立之後，有一段時間，葉石濤的妻子陳月得女士常與兒子從左營來到文學館內，輕撫葉石濤所留下的文物，看望館內的一切，如常地討論著葉石濤以前在家的日常生活，彷彿一切未曾遠離，讓人感到溫暖而真摯。

1. 館內收藏著葉石濤的結婚照，過往每逢佳節，夫人陳月得女士便會到館內走走看看。（葉石濤文學紀念館提供）
2. 館內展板說明館舍記略，並摘錄葉石濤文學地景段落。（蘇宇翎攝）
3. 一樓展區中放有葉石濤著作及親筆手稿，字句有力、樸拙真實，更讓人可以感覺到書寫時的氣力。（蘇宇翎攝）

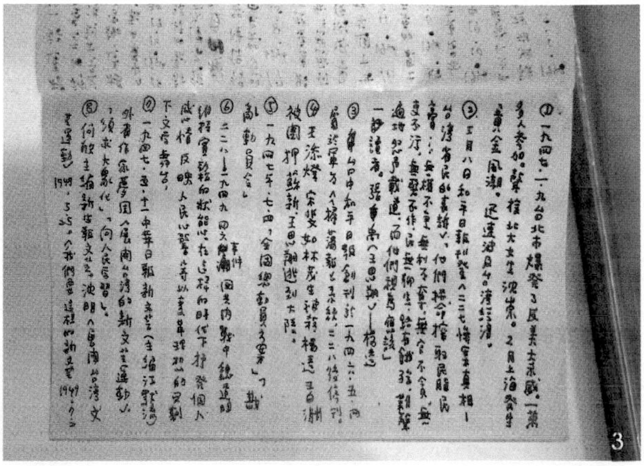

1. 葉石濤文學評論相關著作展示。（蘇宇翎攝）

2. 3. 二樓作家書房、影音室及休息室，裡頭放有葉石濤個人收藏書籍，還有相關影音介紹，逛累了還能在休息室中，翻翻相關繪本雜誌。（蘇宇翎攝）

走上二樓，這裡有葉石濤文學書房、紀錄片視聽室及特展區。文學書房中的文物皆由葉石濤家人捐贈，裡頭有葉石濤收藏的各種書籍、寫作的書桌、安眠的床、播放音樂的黑膠唱盤等。在這裡，可以親身感受老作家創作時的環境，揣想他創作時流動著的思緒。

視聽室及特展區則定期舉辦文學講座活動及各種展覽，包括邀請兒童繪本作者、青少年文學作家與讀者分享創作歷程，非常適合親子共同參與的「聚樂書房」活動；帶領讀者在聆聽與閱讀之間感受本土語文之美、致力推廣本土語言創作的「臺語文學講座」；還有各種例行演講，廣邀不同領域作家來分享他們眼中的葉石濤身影。除了館舍內的展覽與講座，館方也與南瀛故事人協會共同規劃「葉老的校外教學」國小校園推廣活動，透過葉石濤的故事繪本與有獎徵答，讓小朋友們認識葉老的生命與創作歷程，並邀請校園師生來到紀念館參觀，對葉石濤與臺灣文學有更多的了解。在有限的場地空間中，我們看見

了臺南在地精神的傳遞，在各方的努力與創意巧思之下，激盪出文學的無盡感動。

此外，根據館方統計，葉石濤歷年創作中與臺南相關的文學地景，至少就有一百二十多個景點，顯見其創作與臺南緊密而深刻的連結。有鑑於此，館方不但在館舍內設有葉石濤文學地景的主題展板，亦由紀念館出發，規劃出好幾條葉石濤文學地景踏查路線。細讀葉石濤的文字，也循著他曾踩踏、生活過的空間，在今昔對照的讀趣之中，更深刻地認識府城，同時也在臺南的在地脈絡當中，看見臺灣歷史的變遷，以及臺灣文學薪火燃放的瞬間。

一九九八年，葉石濤在獲得真理大學牛津文學獎時，獎詞上寫道：「在臺灣文學最昏暗的時刻，用鄉土點亮一盞燈；在臺灣文學最迷惑的時刻，用臺灣意識闖出一條路。用一生，為臺灣文學立座標。」以此描述葉石濤的文學及其重要性，再恰當不過。

舊城綠意中的一方靜謐歷史——柏楊文物館

採訪、撰稿：郭苓玉

南方初夏七月，沿著樹林街二段走，夾道可見臺南府城的城垣遺跡與臺南大學校區。踏著鳳凰花與阿勃勒的燦燦落焰前行，轉個彎，便能迎來舊城綠意中的一方靜謐——夾身在樹林街與慶中街之間的——柏楊文物館。

筆力萬鈞，家國之愛

柏楊（一九二〇年～二〇〇八年）本名郭定生，後更名為郭立邦、郭衣洞，原籍中國河南省輝縣，是作家、思想家及歷史評論家。生於動盪年代的柏楊，自小輾轉流離卻一心向學，為入東北大學政治系就讀而變造證件，自此成為「郭衣洞」。一九四九

1

年，柏楊隨老長官吳文義來臺，落腳左營，任職屏東農業職業學校人事員。但初來乍到，卻因「竊聽共匪廣播」而遭羈押革職；隔年，入臺南工學院（成功大學前身）附工教授歷史，初結與臺南的緣分，這也是他波盪人生中最「平靜」的一年。一九五七年，柏楊復受聘至成大任教。生計維艱的他，雖隨工作四處遷居，仍然保持筆耕不輟。一九六〇年，開始以筆名「柏楊」在《自立晚報》與《公論報》連載雜文專欄「倚夢閑話」及「西窗隨筆」，對臺灣社會、政治現象提出敏銳的觀察嘲諷。柏楊二字，來自於中橫公路隧道附近的原住民部落名「古柏楊」諧音，並以此名從事雜文創作，試圖衝撞、動搖威權時代的高壓統治。文字如同一把匕首，在鋒芒稜角的背後是一股對國家社會的關懷熱愛；卻也是這份家國之愛，讓他賈禍上身。

1. 柏楊文物館二樓展區外觀。（郭苓玉攝）
2. 來臺後的工作證件。黑白照片裡的柏楊面容斯文，當時已更名為郭衣洞。（郭苓玉攝）

INFO

地　址	臺南市中西區樹林街二段33號
電　話	06-2133111#569
開放時間	週二至週日9:00-17:00
門　票	免費參觀

1. 2. 柏楊文物館外觀，可見相連的兩棟館舍。（郭苓玉攝）

3. 門旁展示「柏楊逝世一週年」紀念品設計大賽得獎作品——和藹柏楊與愛貓，作者為臺南大學動畫媒體設計研究所林志峯。（郭苓玉攝）

作家黃文雄曾引日本諺語，形容柏楊是「看過地獄回來的人」，指的正是一九六八年柏楊因翻譯大力水手漫畫內容成為導火線，所換來的九年餘綠島歲月。雖然身陷囹圄，但柏楊的筆墨卻能駕馭文思、縱橫紙上。服獄期間，完成中國歷史系列叢書《中國歷史年表》、《中國帝王皇后親王公主世系錄》以及《中國人史綱》。一九七七年正式獲釋後，他重啟膾炙人口的專欄；隔年與詩人張香華締結連理，定居臺北花園新城，並著手將心目中最佳的中國史書《資治通鑑》改寫為更加易讀的「柏楊版本」，期望能讓舊經典重返新時代。在考察中國歷史長河之外，柏楊也同樣關注當代現實，他深入檢討中國民族集體性格，寫成《醜陋的中國人》一書，出版後隨即引發熱烈爭論。張香華也提到，柏楊在乎的是活在歷史之中的「人」，以及個人的權利、義務與尊嚴。這份關懷，亦全然體現在柏楊為捍衛人權價值的全力奔走。在解嚴與民主化之後，臺灣社會終能陸續推動轉型正義的落實，綠島人權紀念公園於一九九九年動土，柏楊亦曾重返火燒島為典禮致詞。三年後，園區於十二月十日「世界人權日」落成啟用，紀念碑上題著柏楊的詩句：

> 在那個時代，有多少母親，為她們囚禁在這個島上的孩子，
> 長夜哭泣！

時間也無法療癒的傷痛，隨著綠島小夜曲的歌聲在風中飄揚。斯人已逝，臺灣轉型正義的路還長，我們正走著。

早年緣分，落腳府城

柏楊的寫作生涯始於臺南，文物收藏也終於臺南。談及文物館的設立

由來，柏楊夫人張香華如此笑道：「不是我們選了南大，而是緣分造就。」正如張香華所言，情歸臺南全因「緣分」。回到民國四十年的春天，三十出頭的柏楊初來臺，剛覓得臺南工學院附中的教職工作，碰巧在報上看見了中華文藝獎金委員會的徵文啟事。為了圖個溫飽，他創作生平第一篇小說〈人民〉並成功獲得發表機會，此次經歷也成為未來寫作生涯的重要起點。筆力遒健的柏楊，耕耘不倦便是半世紀的歲月，小說、雜文、古詩、歷史著述、報導文學等，成就非凡。二〇〇六年，柏楊因身體狀況欠佳而封筆，決定將多年以來的文物手稿捐出，一部分送至北京的中國現代文學館，另一部分典藏則有賴友人蘇進強與臺南大學的牽線促成，方能圓滿柏楊文物館這樁美事。

二〇〇七年六月二十七日，柏楊文物館正式啟用，座落於臺南大學的「慶中街藝術特區」，是臺南少數以學校為單位所規劃的藝術特區，由當時的校長黃政傑先生與臺南大學師生共同規劃而成。創意塗鴉為街區抹上亮麗的色彩，閒置多年的教師宿舍在整理後被賦予新的意義：抹去一般藝術展館略帶嚴肅的氣息，強調與周邊住商環境的互動，期望此處能成為開放、自由、具實驗性的藝文展演空間。又，該特區鄰近臺南女中、府城舊城垣遺跡、五妃廟等景點，為歷史底蘊濃厚的文教區。而置身其中的柏楊文物館，更具備交通便利、民眾容易親近的特色。吾人漫步至此，浸潤城市綠意之中，靈感俯拾皆是，方能明白：藝術即生活、文學為日常。

柏楊文物館為相鄰的兩棟二層樓建築，中有空橋相連，共計三大主要展區。一樓為「柏楊文物典藏館」，甫進門便是可愛版的柏楊與愛貓熊熊的立體紙像迎接，此為南大學生設計

2

3

1. 展場中央為出版品與手稿展示，牆上為柏楊大事紀。（郭苓玉攝）
2. 小書房，門上掛有柏楊重返綠島的留影。（郭苓玉攝）
3. 寫作手稿與史料整理筆記。（郭苓玉攝）
4. 柏楊於《自立晚報》發表的雜文專欄收錄成冊。（郭苓玉攝）
5. 中央展示柏楊的證書與獎項，牆上為開館後的相關活動留影。（郭苓玉攝）

的柏楊逝世週年紀念物，模樣精緻可愛。作家生平大事牆環繞整個館區，一邊參觀、一邊輕盈地涉過柏楊近九十年的歲月長河。展場中央為手稿、著作與獎章證書的展示。柏楊與讀者文友的往來書信，一展老作家在嚴謹治學態度之外所展現的風趣與溫情。手稿上瘦長娟秀的字跡，筆劃整齊寫滿史料的整理筆記，足見其撰述考據的細膩；這份創作的真心，在那艱苦的年代與環境，更顯難得。柏楊一生雖未獲任何文憑，但在文學、史學與人權等方面的成就與貢獻，不言便能領會。二〇〇六年，柏楊受臺南大學頒發首位名譽博士，遲來的學位，可說彌足珍貴。

二樓規劃「柏楊文字空間」與「花園新城客廳」，收藏柏楊仿效雜誌每月寫作發行、被稱作「革命性出版」的《柏楊版資治通鑑》，以及各式海外授權出版的著作，展現其豐沛的創作能量。其中最值得一提者，莫過於獄中環境與住家空間的實景打造。

柏楊曾描述過獄中的創作環境：

> 我用早上吃剩的稀飯塗在報紙上，一張一張的黏成一個紙板，擰乾之後就像鋼板一樣堅硬。每天背靠牆壁坐在地下，把紙版放在雙膝上，在那狹小的天地中構思。

讀過這段描述再踏入展場，彷彿親臨其境，昏暗的綠島監獄牢房、狹窄的衛浴設備，老作家或蹲或坐在斗室內，和著汗珠一字一字寫的艱苦過程。「我要活下去，好記下我的遭遇！」生命的低谷並沒有擊潰他，透過寫作更強壯他內心的積極與堅毅。

3

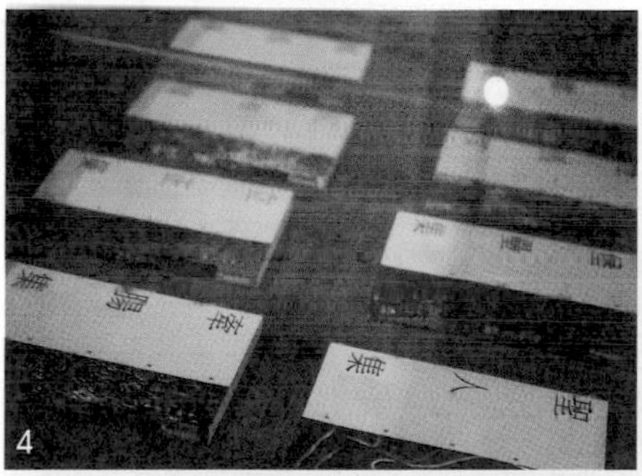
4

5

1 各國授權出版品與資治通鑑系列。（郭苓玉攝）

2. 3. 書房與牢房場景重現。（郭苓玉攝）

4. 花園新城客廳一景。（郭苓玉攝）

近十年的冤獄讓他的人生歸零，能再遇夫人張香華，他稱作「上帝賜下的恩典」。花園新城的攬翠樓是兩人晚年的住所，遠可眺陽明山、近可望新店溪。站在優美風景環繞的書房，想像柏楊撐著眼疾，在孤燈下斟酌字句的日日夜夜，他或許會抱著愛貓，緩緩走至客廳與妻子談笑風生。倦了，便在躺椅一臥入夢。實景走訪生活空間的完整重建，讓我們得以一窺老作家沉思、休閒、寫作的美好山居。柏楊在這重獲自由的人生「新城」，生命中累積的創傷終能療癒、結痂。

越過千山萬水與大時代的顛沛流離，最終安身於美麗島。走筆至此，且以《家園》的這番話作結：「大陸可戀，臺灣可愛，有自由的地方就是家園。」柏楊盡其一生的創作，真切地表露對中國原鄉的戀慕、對臺灣土地的認同，及其對民主自由的追求與信仰。

跑向新樂園的起點——楊逵文學紀念館

採訪、撰稿：林鈺芳
協力：蘇冠人

臺灣文學的老園丁：楊逵

楊逵（一九〇六年～一九八五年），本名楊貴，筆名楊建人、伊東亮、賴健兒等。出生於臺南新化（當時仍為舊名大目降），就讀大目降公學校期間，目睹噍吧哖事件，感觸良多，亦因閱讀日人編寫的《臺灣匪誌》，使楊逵的反抗意識逐漸萌芽，日後立志走向小說創作，藉以平反被扭曲的歷史。一九二四年至日本留學，半工半讀的他深受寫實主義的啟發，亦廣泛接觸左翼思潮，更參與勞工和政治運動。

一九二七年，楊逵在臺灣農民組合認識葉陶。一九二九年，兩人在預定結婚之日被捕，出獄一個多月後才在新化舉辦婚禮。他後來在彰化結識賴和，二人亦師亦友，也是在賴和的引介與鼓勵下開始研讀大量臺灣文學作品，並決心踏上文學之路。一九三四年，楊逵以小說《新聞配達夫》入選東京《文學評論》第二獎（首獎從缺）而成名。

一九四九年，因字數未滿千的〈和平宣言〉被捕，至綠島服刑十二年，楊逵戲稱這是世界上最高的稿酬，讓

1. 位於新化區中正路上的楊逵文學紀念館。（蘇冠人攝）
2. 楊逵身影立牌，後方鐵樹原是楊逵於葉陶過世後親植於東海花園，幾年前移植回故鄉，別具紀念意義。（蘇冠人攝）

INFO

地　　址	臺南市新化區中正路488號
電　　話	06-5908865
開放時間	週二至週日9:00-12:00、13:30-17:00
門　　票	免費參觀

他十幾年無須捱餓。一九六一年出獄後，楊逵在臺中鄰近東海大學之處購地，開拓為東海花園，遂在此隱居，一九八五年三月十二日於臺中逝世，享年八十歲，葬於東海花園。

身為一個文學家，個性質樸又真摯的楊逵，從不放棄改造社會的理想，以帶著強烈批判性的寫實主義風格表述想法，更親身投入社會運動，力圖打破階級所帶來的差別待遇，自稱「人道的社會主義者」。他曾自述：

> 這一生我的努力，都在追求民主、自由和和平。我沒有絕望過，也不曾被擊倒過：主要由於我心中有股能源，它使我在糾紛的人世中學會沉思，在挫折來時更加振作，苦難前露微笑，即使到處碰壁也不致被凍僵。

走訪楊逵文學紀念館

為了紀念出生於新化的楊逵，再加上楊逵次子楊建義不容辭提供楊逵遺物、照片等珍稀文物，新化鎮公所及地方文史工作者遂發起籌設紀念館，並獲得臺南縣政府撥交閒置中的地政事務所加以改建，於二〇〇五年十一月二十七日建成開館。

踏入館舍，朝右一望，還來不及閱讀牆上文字，目光便已被「鋁線楊逵」吸引，來自大師翁國嵩的巧手所製，以平凡無奇的鋁線塑成的立體楊逵像，眼中的溫順與堅定絲毫不減於真人。

一樓展區正前方有個落地櫥窗，透明玻璃上的乳白色字句發散出些微神秘感，端詳後才發現，竟是楊逵七十八歲時以中文書寫的自傳內容。櫥窗內的物品皆有使用痕跡，看來是上了年紀的家具，躺椅、木桌、放大鏡、書櫃與電鍋等，那是楊逵於東海花園所使用的家具與生活一景。尤其是楊逵使用了四十多年的書桌，桌上的凹陷處，是楊逵以手肘磨桌思考所留下的痕跡。在佈滿樸質氣息的桌面上，似乎浮現楊逵長考後毅然下筆的背影。

館舍分為兩大主題，由七個子題構成，更細部且全面地呈現楊逵的所有。由楊逵生命的開端——「出身大目降」開始，訴說新化舊名大目降

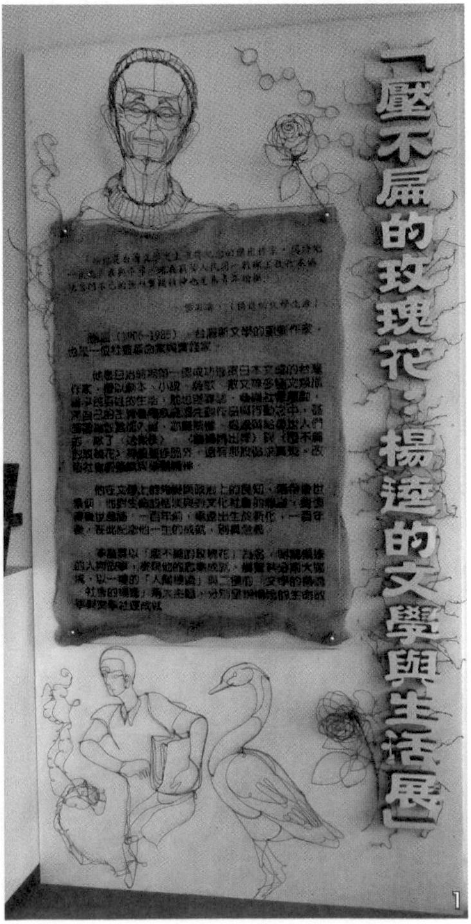

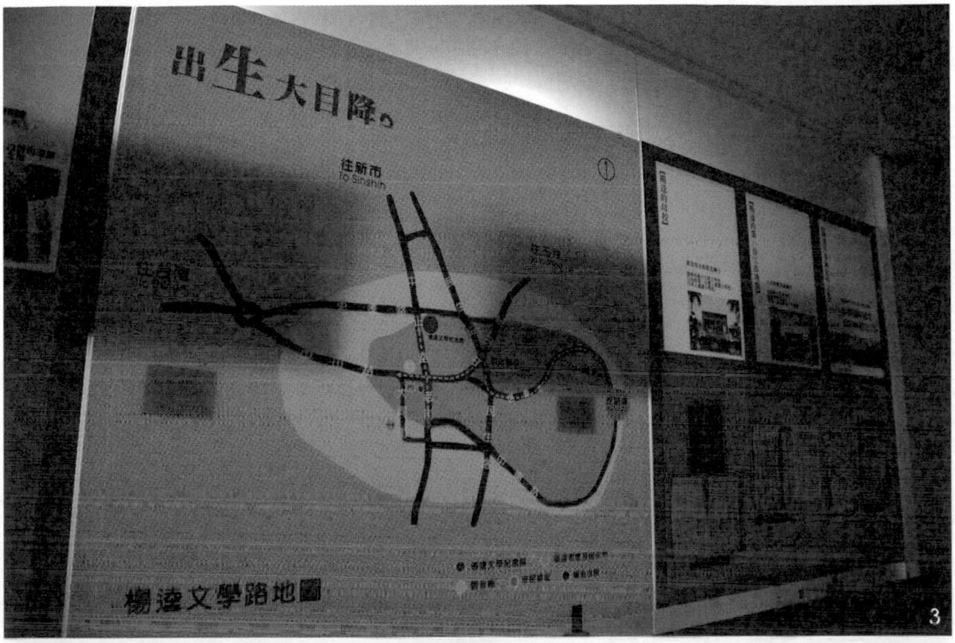

1. 「壓不扁的玫瑰花：楊逵的文學與生活展」與鋁線楊逵。（蘇冠人攝）
2. 陪伴楊逵四十多年的老桌子。（蘇冠人攝）
3. 出身大目降展區與楊逵文學地圖。（蘇冠人攝）
4. 楊逵的家庭生活展區。（蘇冠人攝）

的歷史，泛黃的戶籍資料簿、幼時玩要的公園、曾就讀的小學、和妻子葉陶定情的虎頭埤，以及前往日本留學的紀錄，證明了楊逵與新化地區的鮮明羈絆。

一九二九年，楊逵與同樣為臺灣農民運動付出心血的葉陶共結連理，開始有了自己的家庭生活。內向的楊逵加上外向的葉陶，互補的個性使他們愈加珍惜彼此，堅定地一齊向前走，也因為個性相反，朋友們開玩笑喚他們為「葉陶兄與楊貴嫂」。在「楊逵的家庭生活」展區，正是楊逵與葉陶編織出來的家庭形影，除了透過命名展現對孩子的期待以外，也包括楊逵子女們筆下的父母形象。而更令人揪心的，莫過於楊逵在綠島期間一字一句寫下，卻未能順利寄出的綠島家書。那些空白的記憶，亦是多少家庭共同的，不能言說的思念與恐懼。

「春光關不住」展區，展示楊逵在

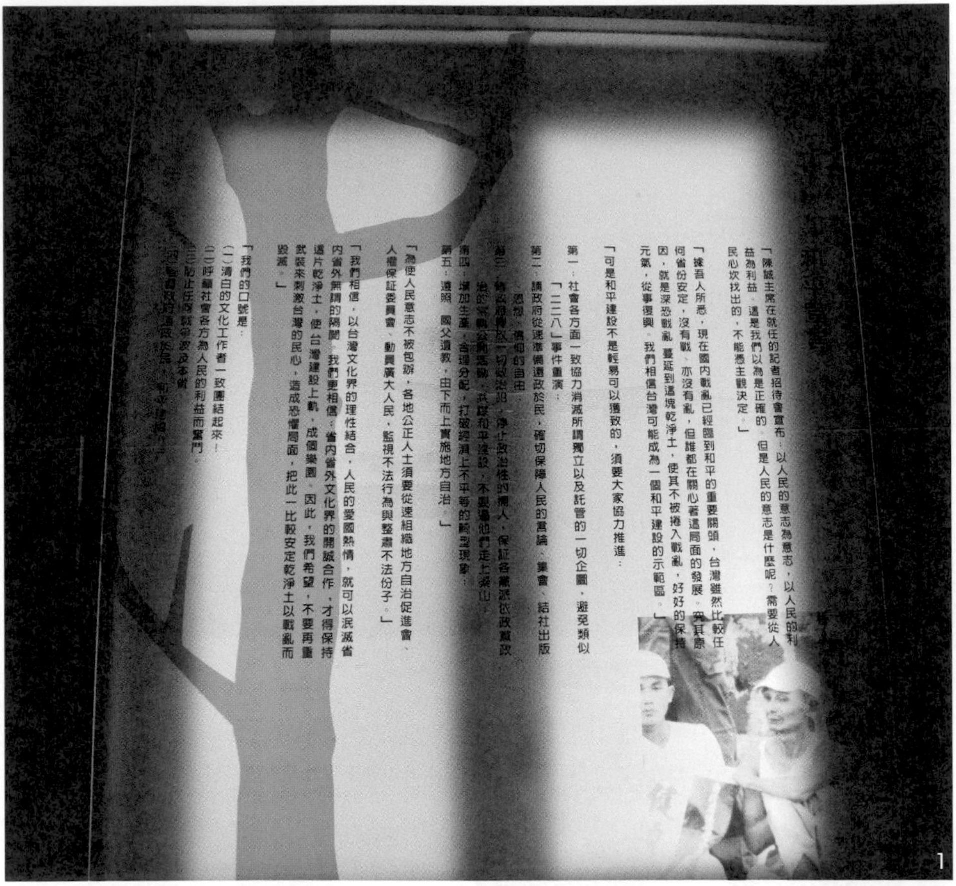

1

綠島服刑的相關資料。一九四九年，楊逵因〈和平宣言〉遭叛亂罪名被拘捕，後至綠島服刑，期間仍創作不輟，除了綠島家書及生活照片之外，楊逵更因受石塊下一株頑強盛開的玫瑰花所激勵，寫下〈春光關不住〉一文，此文在一九七六年因收錄於國中國文課本而更名為〈壓不扁的玫瑰花〉，這也使得楊逵成為日治時期成名作家中第一位出現於國文教科書的臺灣作家。

向前走一點，來到葉陶女士的「地盤」——「土匪婆＆模範母親」展區。出生於高雄旗津的葉陶，個性似海、不願受拘束的她，在傳統社會的嚴厲注視下毅然決然丟棄裹腳布，以一雙自然生長的腳為臺灣婦女與農民鞠躬盡瘁，如學生為她取的綽號「烏雞母」一樣，踏踏實實地為社會運動付出。可惜的是，葉陶的文物在東海老家曾遭祝融吞噬，還被竊賊偷取，幾乎全無，因此，館舍此區以影像、文件和裝置藝術來緬懷葉陶。牆上有葉陶所寫的〈愛的結晶〉與〈我的教練嚴厲〉，字裡行間亦可感受葉陶這位傳奇女士的文筆與魄力。

「知交好友來作客」展出楊逵生命中一些重要的友人、紀念性物件以及研究楊逵較有名的人物：引薦楊逵往文壇發展、亦師亦友的賴和，同楊逵討論文學的鍾肇政與葉石濤，還有曾好心救濟他的日本警察入田春彥等等。而楊逵在東海花園生活期間，有一本名為《臭皮匠烏白畫烏白寫》的筆記簿，他要求來到東海花園的客人要在筆記簿上留下「足跡」，隨便寫或畫都好，這本簿子亦成為重要的遺物。

信步走上二樓，進入「楊逵的社會參與」展區。此區展示楊逵參與社運的許多影像與物件，從臺灣文化協會、臺灣農民組合，到文化村的構想

1.〈和平宣言〉。（蘇冠人攝）

2. 3. 葉陶塑像，展板上寫著「土匪婆」別名的由來，以及葉陶熱衷農民運動的身影。（蘇冠人攝）

4. 東海花園訪客留下筆跡的筆記簿。（蘇冠人攝）

3

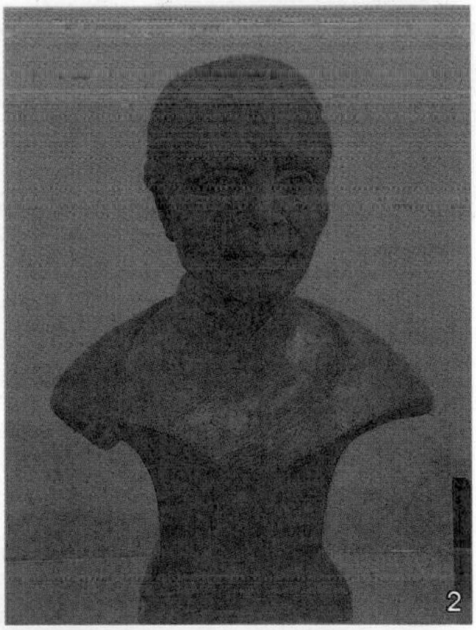
2

4

等等，他不僅以文字鋪陳理想，更親身投入、實踐，對抗社會的不公不義。在這裡，我們能感受到楊逵為了貫徹理想所付出的心血與汗水，以及他所留下的精神與希望。牆上印有「藍地黃虎旗」，呼應楊逵所寫的〈黃虎旗〉民謠，宛如期待臺灣人日後能像甲午之時自立民主國、建造新樂園，也就是建造一個嶄新的、屬於臺灣人的國家。他在東海花園時，也曾印出一張藍地黃虎旗掛在牆上，可見楊逵非常喜愛此旗，東海花園也是他理想中的「文化村」藍圖。

紀念館的最後一區是「楊逵的文學實踐」展區，透過手稿及書籍的展示，我們得以在此綜覽楊逵的文學起點及其一生的各種文類創作。值得一提的是，在楊逵的文學生涯當中，「圖書館」對他影響甚鉅，他的第一座圖書館是公學校班導師沼川定雄的宿舍，在老師宿舍所讀到的各種世界

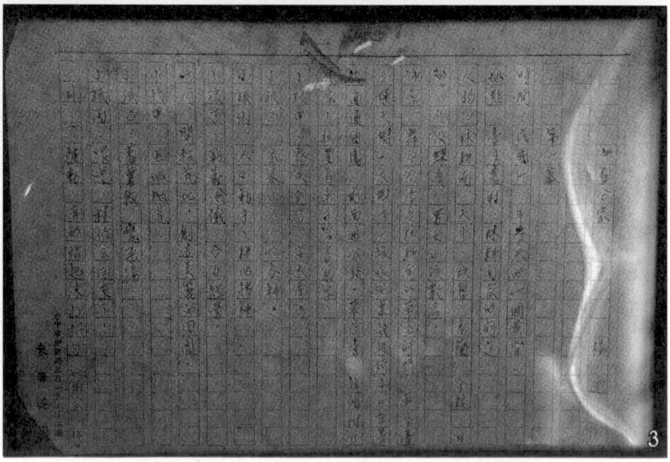

1. 2. 楊逵的社會參與展區，與牆上的藍地黃虎旗。（蘇冠人攝）

3. 楊逵〈牛犁分家〉劇本手稿。（蘇冠人攝）

4 馬拉松——奔向未來塑像。（蘇冠人攝）

經典名著譯本，成為楊逵文學啟蒙的重要關鍵。而楊逵在就讀臺南二中時，常到臺南市圖書館與舊書攤看書，無意間讀到《臺灣匪誌》一書後，他發現日人對臺灣歷史多有醜化，因而激發他以小說糾正臺灣歷史的決心。乃至於楊逵夫婦後來流落到高雄，楊逵就在鼓山圖書館以日文完成他的成名作《新聞配達夫》（中文譯名《送報伕》）。三處意義相似的圖書場域，為楊逵的文學之路定下錨點，最後成就了這座紀念館。未來，或許也會有讀者在這裡，從楊逵的文學中獲得相似的啟發。

始終堅信文學屬於普羅大眾的楊逵，一生追求平等，在手稿的暈漬與字裡行間留下的是一顆真摯且提倡人權的心。楊逵以手中的筆為鋤，耕作出豐碩的文學作品花園——「老幼相扶持，一路走下去，走向百花齊放的新樂園。」我們或許已在紀念館，看見一個臺灣文學的老園丁所耕耘出來的臺灣國度。

新化高中與新化高工

參訪楊逵文學紀念館過後，不妨再到鄰近的新化高中與新化高工走走看看。以深紅磚及灰泥色為主調的新化高中，一入校門的右處便是校園內的公共藝術：「馬拉松——奔向未來」。藝術家賴佳宏選擇以鐵為載體，將楊逵一生長跑、永不氣餒的精神融鑄成一件件金黃烤漆的外衣，作為學子最堅毅的庇護。在正午艷日的照耀下，一尊尊昂首挺胸、無所畏懼地向前奔跑的塑像顯得格外晶亮，翠綠的草皮更給予最可靠的支持，相信只要堅定地追尋，一定能抵達前方的夢想。

順著塑像奔去的方向望去，前方有條小徑，走到底右轉，便可看見新化高中的圖書資訊藝術大樓，這是校

1. 圖書資訊大樓前的玫瑰花圖樣圓柱。（蘇冠人攝）

2. 冰山意象文學牆，刻有楊逵的字句。（蘇冠人攝）

3. 《鵝媽媽出嫁》文學主題碑。（蘇冠人攝）

4. 賽跑人形矮牆。（蘇冠人攝）

5. 刻有〈和平宣言〉的石臺。（蘇冠人攝）

內的新圖書館兼藝能科教室的所在地。八根有著「壓不扁的玫瑰」意象的圓形梁柱像是頂起一片天，挺立支撐著。如此莊嚴的設計來自藝術家曾英棟之手，馬賽克磁磚鋪出碎裂卻完整的玫瑰花圖樣，暖橘色的明亮感像是楊逵心中永不熄滅的熾熱火把，仍燃著，彷彿抬頭便可瞧見。

一九二一年，楊逵自公學校畢業後，投考中學失敗，便至新化糖業試驗場當臨時工，隔年考上新設臺南州立二中。一九三二年，新化糖業試驗場遷建臺南市後，原址改建為新化農業專修學校，又再經歷幾次改制才成為現今的新化高工。二〇〇六年十一月二十五日，楊逵文學步道於此正式啟用，楊逵次子楊建亦一同參與楊逵陶版紀念牆揭幕典禮。

從冰山意象文學牆開始，正式踏入楊逵文學步道，步道可分為左右兩側。右側草皮上的木板顯示楊逵的年

3

4

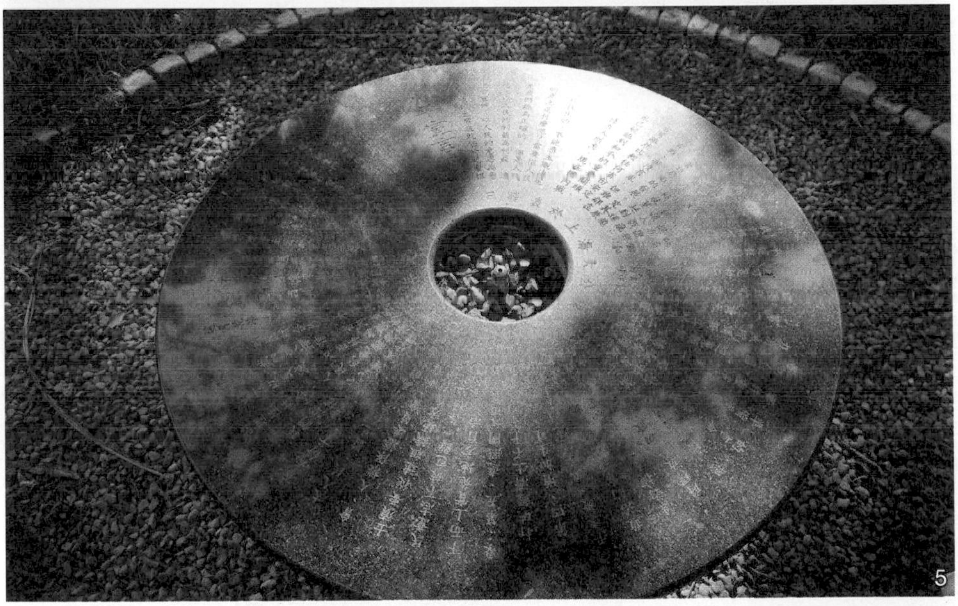
5

紀，緊鄰的小石碑則記述著楊逵的生命事蹟。緩慢向前走去，牆上依序分為三個文學主題：送報伕、鵝媽媽出嫁、春光關不住，不僅有文章摘錄，亦有象徵性的立體物件。左側地上有歷史事件石板與年代刻度線，對應著楊逵的生命時間。在接近步道盡頭等候的是一座石臺，上面刻著楊逵寄託理想、領到「最高稿酬」的〈和平宣言〉全文。向後一望，象徵楊逵長跑精神的賽跑人形矮牆則做了最完美的句點，在看似盡頭之處仍要秉持信念，不可放棄，只要繼續向前奔馳，一定能跑向和平快樂的新樂園。

一百五十公尺長的步道，楊逵的生命過程被濃縮成一條靜靜等候探視的時光長廊，記錄時間淘洗的時代記憶，以及楊逵以文學證明自身、堅定不朽的決心。

北基宜
桃竹苗
中彰投
雲嘉南
高屏

漚汪田園交響樂——香雨書院‧鹽分地帶文化館

採訪、撰稿：鄭婷允

鄉野二重奏：香雨書院到鹽分地帶文化館

既是在地雕刻家楊明忠口中的「田野中的白色鋼琴」，也如漚汪人薪傳文化基金會創辦人林金悔先生所宣稱的「文化的航空母艦」，香雨書院肩負藝術與文化戰略的雙重性格。自二〇〇七年十一日二十五日揭牌，正式運作至今，從開館之初的鄉土作家陳冠學特展，到不久前才結束的陳奇祿紀念展，香雨書院致力於本土作家、學者著作史料的展示與維繫，同時亦為地方文化推廣的重鎮。

穿過田間小徑，準備進入書院，很難不被旁邊兩幅龐大的馬賽克壁畫吸引。兩幅作品分別為「飲水思源」

INFO

地　　址	臺南市將軍區長榮里182號
電　　話	06-7944823
開放時間	週三至週日10:00-12:00、13:30-17:00 週一、週二及國定假日休館
門　　票	免費參觀

1

和「農夫與牛」：「飲水思源」中一對兄弟正在汲水，說的是弟弟勸哥哥捐地以作館舍使用的故事，「農夫與牛」則代表長期耕耘的精神，每幅均由十一萬多片大理石磚拼貼而成，色澤自然樸實，相當能與館舍的價值相呼應。香雨書院一年約有四至六場展覽，亦典藏諸多地方文物，換檔期間，館方會將平時不輕易曝光的藝術家作品、作家手稿信函著作、古地

1. 佇立在稻田間的香雨書院。（鄭婷允攝）
2. 香雨書院入口，人類學者陳奇祿先生題字。（鄭婷允攝）
3. 「飲水思源」、「農夫與牛」馬賽克壁畫。（洪佳羽攝）

圖、拓碑、古文書、老照片等珍貴文物展示陳列，讓參訪者一覽收藏。

說到鹽分地帶文物的保存地，歷來都在南鯤鯓和蕭壠，目前重心已移轉至此，並擴大為「鹽分地帶文化館」。「鹽分地帶」事實上是戰後的一項再發明，指涉佳里、學甲、北門、將軍、七股、西港六鄉鎮。七〇年代臺灣回歸鄉土風氣極盛，諸多文壇志士如黃勁連、黃崇雄、羊子喬等，返鄉籌組「鹽分地帶文藝營」，趁勢帶動矚目，進而獲得如小說家楊青矗、「笠」詩社鄭烱明等人的投入，逐漸形構出現實文學大本營的區域特色，以及文化上地貧人窮、志不窮的勤儉奮鬥姿態。鹽分地帶文人不勝枚舉，文學家為最大宗，書法、雕刻、攝影、繪畫同樣多有能人，如風格詭譎抓人，被譽為「東方畢卡索」的畫家洪通，晚年尚且回鄉致力作畫。種種藝術成果的累積豐碩而多元。

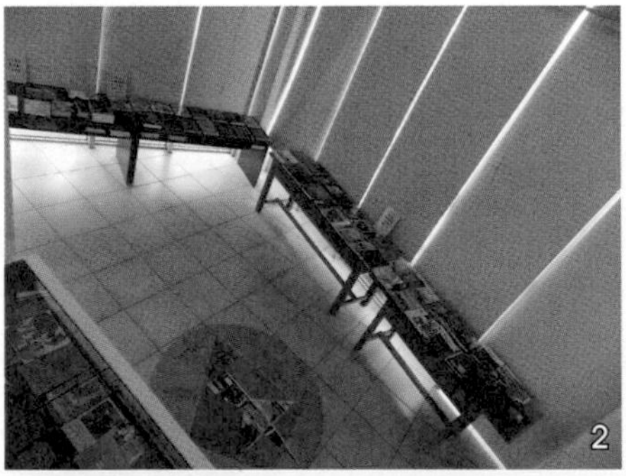

序曲：文藝降生地帶

儘管海一樣鹹，一樣生活不易，不同於戰後所闡述的艱苦且上進意象，日本時代臺南幫文青們所說的「鹽分地帶」，卻是最潮、最進步的文化符碼。當時文學活動以吳新榮為首，有所謂「北門七子」稱號流傳，最初以詩聞名。醫師作家吳新榮曾留日，受當地學生運動思潮啟迪，回臺召集地方文藝青年組織文化團體「青風會」，對鹽分地帶作家群體的雕塑成形非常重要，另外也催生「臺灣文藝聯盟佳里支部」，讓地方文學社群匯入臺灣新文學主流。一九三五年支部成立的複製照就懸掛於書院後棟，為鎮館寶之一。

日治期間鹽分地帶詩人群，一直與同區域的風車詩社維持競爭和互相影響的關係。風車詩社是一九三〇年代詩人楊熾昌（水蔭萍）所成立，以現代主義風格，尤其超現實主義為依

1. 書院外觀。（洪佳羽攝）

2. 3. 內部展示空間。（鄭婷允攝）

4. 一九三五年六月一日，臺灣文藝聯盟佳里支部攝於佳里公會堂。（鄭婷允翻攝）

4

1. 詩橋景觀。（鄭婷允攝）

2. 吳新榮詩作〈歌唱鹽分地帶的春天〉。（鄭婷允攝）

3. 將讀詩的視線與田埂融為一體的玻璃詩。（鄭婷允攝）

歸，追求詩的超越性。楊熾昌在日時，接觸歐美前衛藝術的思潮，為臺灣現代詩吹起新風，在大臺南地區和鹽分地帶分庭抗禮，從此開啟臺灣詩界傳統的兩個脈絡。若詩能吃，大家可能覺得鹽分地帶略鹹，而風車詩社略甜，但咀嚼良久，會發覺此鹹此甜是相互混雜，帶有香氣的，而酸、苦等其他味覺也會慢慢浮上舌尖。兩個社群都立基於本地，對其他文化進行消化改造，才提煉成詩，當意會至此，也已經走到兩棟建築的分界點——「詩橋」了。

連接前後棟，以詩為線索，戰前與戰後的文學緊密接合。目前「鹽分詩橋」展示著林佛兒《鹽分地帶詩抄》包含中、英、法文詩作及攝影作品。閱覽「詩橋」會是相當特殊的觀展經驗，露天賞讀之餘，自二樓高度下望，地面磁磚格狀排列，一再召喚井田意象。通過「詩橋」抵達「鹽分詩

3

窗」，玻璃陽刻陰蝕，文字透映於館側連綿的農田，竹枝詞和平埔詩歌也都生色顯影。而郭水潭〈廣闊的海─給出嫁的妹妹〉柔清溫婉的傾訴，因為鏤雕，方覺情感之濃、期許之深，不禁令人在這乾燥的陸地恍恍思念海浪。就在一旁的吳新榮〈故鄉的輓歌〉特別以手稿方式呈現，插入字和塗改痕跡，更加深切捕捉其中批判力道，與林芳年的〈原野上看到煙囪〉跨時代相唱和，感嘆故鄉變遷的失落滿溢。

終章：自然與建築的勞動史詩

香雨書院命名，源自創辦人林金悔先生父親所開設的雜貨店「香雨行」。整棟館舍潔白如鹽，節能反照，與自然鄉野維持著穩定的友善互動。門前兩棵迎賓樹，一株九芎，一株苦楝，還有兩棟館舍間種植的黃荊，均為臺灣原生種，象徵臺灣文化

1

的特殊。洗鍊現代的建築，由曾經創作藍晒圖、安平樹屋和佳佳西市場旅社的空間藝術家——劉國滄建築師所設計，參觀者可依自己喜歡的動線在館內外穿梭上下，虛空間的充分交錯，引渡更多自然風光。參訪當天，整地準備栽種西瓜的勞動身體，便隨著熱度深深躍入眼簾。

原來曬鹽為主的鹽分地帶，由於經年泥沙淤積，海岸線逐年退卻，多改為農作，除一期稻作、西瓜外，番茄、牛蒡、綠蘆筍也是常見作物，其中被鹽分餵養的紅蘿蔔的產量市佔高達六十五%，名符其實打造了紅蘿蔔之鄉。至若沿著主入口右側寬大的階梯直上，則是書院最熱門的看夕陽觀星熱點，護欄上，詩人羅門最短的一首詩在這裡：「天地線是宇宙的最後一根弦」——恢宏的氣度、藝術的渴求和堡壘的冀望，都收攏於舉目所及的天海相交之際。

1. 蔚藍天空下看羅門詩作的裝置藝術，別有一番讀趣。（洪佳羽攝）
2. 鹽分詩窗倒影。（鄭婷允攝）
3. 館後方農地。滄海桑田，勞動之姿卻一直不變。（鄭婷允攝）

舊名為「漚汪」的將軍區，更名的原因和施琅有關，想當年清廷為獎勵施琅將軍靖臺有功，決定賞賜其三天內駕馬奔馳所及的土地範圍。不過讓人啼笑皆非的是，到達漚汪地區，施琅的馬不幸跛了腳，此地也就成為將軍庄。至於為何不再沿用「漚汪」之名？有傳言這麼說，老一輩居民認為「漚汪」臺語唸法類似「後旺」，大家都想要現在就旺，誰要以後才旺呢？當然，不論「漚汪」或「將軍」，都無損於這個地方的物產豐富、人才輩出，此地產的蘆筍也供給著名的集團餐飲業，全臺灣的人都常常吃到；附近的長榮里，神奇地出產十位以上的校長，棉業、康那香的不織布和女性用品也都非常出名。庄內閒晃，甚至會遇見漚汪來往各大城市的客運車，因為和欣客運的創辦人剛好也是這裡的人。

儘管蘊藏著發展的可能性，無奈有才的孩子們仍不斷離家求取發展，那一班班的客運去了又回，也許每一次的啟程，都有一個「把遊子們帶回來」的希望吧？

1

南方的華麗——
真理大學臺灣文學資料館

採訪、撰稿：陳允元
協力：洪立穎

從「西川滿大展」談起

二〇一一年九月，「西川滿大展」——假國立臺灣圖書館舉辦，這是臺灣首次以日治末期臺灣文學界之領導人物西川滿（一九〇八年～一九九九年）為主題的大型展出。西川生於日本東北的會津若松，並非嚴格意義的「灣生」，他一九一〇年隨父來臺時才三歲，最初落腳基隆，在大稻埕及新起後街一帶度過了他的兒童及少年時代。臺北一中畢業後兩次投考臺北高校失敗，遂於一九二七年赴日報考、就讀早稻田第二高等學院。一九三三年，西川於早稻田大學法文科畢業，受老師鼓勵返臺發展，而後入《臺灣日日新報》主編「文藝欄」、創立《文

藝臺灣》，大大活躍於煙硝味漸濃、而終被捲入戰爭的臺灣文學界。然而戰後「引揚」返日的西川，並未見於日本主流的文學史冊，在戒嚴時期的臺灣亦不為人所提起。直到一九七九年，時於筑波大學任教的張良澤教授拜訪西川滿，發表〈戰前臺灣的日本文學〉並製作〈西川滿著作書誌〉之後，西川的名字才逐漸為臺、日雙方所知。

臺灣之於西川，是故鄉般的存在。他在《自傳》寫道，大稻埕的六館街是其文學的故鄉，並曾謂「這對七爺八爺，終生不會從我的腦裡離開」。在張教授的眼中，三歲來臺的西川土著甚深，引揚後終其一生都持續書寫臺灣、念念不忘並深愛著臺灣。然而這樣的論點卻招致相當多批評，例如

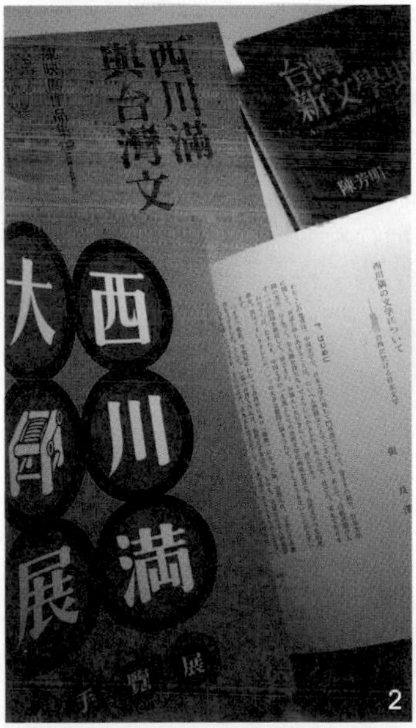

INFO

地　址｜臺南市麻豆區北勢里北勢寮70-11號
電　話｜06-5703100#6161~6163、6165
開放時間｜9:30-16:00，例假日及國定假日休館
（團體參觀不在此限，但須事先來函申請）
寒暑假開放時間調整另行公布
門　票｜免費參觀

1. 臺灣文學資料館（圖書館暨研究大樓）正面外觀。（蘇冠人攝）

2. 張良澤〈西川満の文学について——戦前の台湾に於ける日本文学〉、陳映真《西川滿與臺灣文學》、陳芳明《臺灣新文學史》，及「西川滿大展」展刊。（陳允元攝）

陳映真從中國民族主義及左翼立場出發，批判西川積極協力戰爭，以及張的民族立場；陳芳明當時則以後殖民的觀點，認為西川的文學表現係以熱愛臺灣的方式傷害臺灣，掩飾了他身為皇民化運動指導者的事實，顯見西川歷來的爭議性。

但隨著近年臺灣的古本、裝幀文化受到矚目，文學者西川復以造書者、臺灣裝幀文化的推動者，和立石鐵臣（灣生）、宮田彌太郎這幾位他的畫伯好朋友們再次華麗登場。「西川滿大展」曾展出西川日治時期出版的詩集《媽祖祭》、《亞片》，小說集《赤嵌記》、編輯的雜誌《媽祖》、《文藝臺灣》、《愛書》，返日後的創作，以及手彩繪作品、藏書票、手稿等等約六百五十件。面對滿室珍本，觀展者無不大飽眼福，讚嘆裝幀之華麗、精美，頻頻追問這些珍本究竟來自何處？

1

這些珍本，悉數為真理大學臺南校區的臺灣文學資料館（下稱臺文資料館）所藏。是資料館創館的第一批資料，可謂館之礎石。然而事實上，在資料館近十萬冊的藏書之中，西川滿的文物資料，僅是館藏的一小部分而已。

尋書的緣分

一九九七年，臺灣第一所「臺灣文學系」於真理大學（時為淡水工商管理學院）創立之時，曾面臨相當多的質問。除了意識型態的挑戰，最無知也最傲慢的問難便是：臺灣有文學嗎？而臺文資料館的創設，正是一個強悍而紮實的回應。一九九九年，臺文資料館在西川滿所轉讓的畢生收藏，以及張良澤教授私人藏書的基礎之上成立於淡水校區，並不斷吸引各方的捐贈、寄附，終於超出容限，而於二〇〇一年陸續遷移至麻豆校區至今。資料館完全對外開放，預約導覽也絕對歡迎，且絕大多數館藏都已建檔登錄於真理大學圖書館系統便利查詢。惟館藏無法攜出，部分珍本史料的閱覽及複印，須經館方判斷與協助。

真理大學臺文系的成立與資料館

1. 圖為臺灣文學館「我的華麗島」展覽物件，西川滿及其好友立石鐵臣、宮田彌太郎合作的華麗書封，現藏於臺文資料館之「西川滿文物室」。（蘇冠人攝）
2. 雜誌《文藝臺灣》、《民俗臺灣》等。（蘇冠人攝）
3. 雜誌《愛書》、《媽祖》，與立石鐵臣的《臺灣畫冊》。（蘇冠人攝）
4. 《西川滿全詩集》、《臺灣文學集》、《貓寺》、《臺灣繪本》等。（蘇冠人攝）

1. 與張良澤教授談藏書經驗。（蘇冠人攝）
2. 第一展示室全景。（蘇冠人攝）
3. 張良澤教授編《鍾肇政宛書翰全集》。（蘇冠人攝）
4. 西川滿簽署藏書轉讓合約。（蘇冠人翻攝）

的設立，不能不提到張良澤教授。張教授的臺灣文學啟蒙始於留學時期，他在關西大學的指導教授增田涉是魯迅的學生，上課時，增田教授提及日本時代的臺灣報刊曾刊載魯迅文章，便問他魯迅與臺灣的關係。張教授於臺南師範時期，曾在圖書館地下室偷偷讀過當時被禁的三〇年代中國新文學而知道魯迅，但卻對臺灣全然不知，他才由此重新接觸臺灣歷史與文學，進而大量收集臺灣史料。

一九七〇年，張教授自日本返臺。有陣子，他常在臺北的古書店遇到一個美國人和一個日本人，好東西都被搶先買走。後來認識了從事臺灣文學研究的日本學者河原功教授，才知道他就是當年那個趁寒暑假來臺灣找資料的日本大學生。張教授拼命收集臺灣資料，再貴也要買回來。他的弟弟張良光先生便時常接到哥哥電話，趕到牯嶺街「緊急支援」。

一九七八年十二月，張教授赴日至筑波大學任教，同時也帶著他在臺灣古書店收集到的西川滿著作，前往阿佐谷初訪西川滿。西川原本有些無精打采，懨懨懶懶的，直到張教授從手提包裡掏出西川當年在早稻田大學法文科的畢業論文《藍波研究》（アルチュル・ランボオ研究）原稿，西川忽然坐直、眼睛發亮，趕緊請夫人澄子出來看。這一份原稿，便是當年趕畢業論文之際新婚的妻幫西川繕寫的。而這一次拜訪，也開啟了張教授與西川兩人二十年的交情往來，成為臺灣文學資料館的礎石。

華麗島文學的時光隧道

臺文資料館隱身於灰藍色的圖書館暨研究大樓的二、三樓，在圖書館後方擁有獨立的出入口（從圖書館正門是進不到資料館的）。走上二樓，先到資料館辦公室打個招呼，館員會

2

4

3

親切地為讀者導覽與介紹。資料館規劃為六個展示室、二二八資料室、西川滿文物室，以及十三座專人文庫。

第一展示室陳列的是作家的手稿真跡。這些手稿主要是張教授編輯《淡水牛津文藝》、《臺灣文學評論》過程中慢慢收集來的。許多老作家不諳電腦，與編輯部之間的往來回覆及著作原稿，便被當作貴重史料保存下來了。

這個展示室中最受矚目的史料，便是堂堂數十巨冊、一九五〇年代起編的《鍾肇政宛書翰全集》。張教授年輕時立志寫臺灣文學史，他曾與鍾肇政先生商量，請他將與文友往來的書信收好，為日後撰史所用。一九九二年，張教授在最後一批黑名單解除，好不容易返回臺灣後，沒有馬上回家，而是先直接至龍潭拜訪鍾肇政先生，鍾老於是從床底把多年來的信件一布袋一布袋地挖出來，後經張教

1

授花了十年的時間，一封封繫年、編輯成冊。這一批貴重的資料礙於無法一一取得寄件者的授權，顧及隱私，不能公開出版或數位化提供觀覽；但若為研究之故，可以到館翻閱。

側邊的牆上，掛有一九九七年西川滿簽署藏書移交合約的照片，以及西川滿長子西川潤祈願資料館發展的墨寶。

第二、第三展示室陳列的是日本時代的文學雜誌與單行本。儘管許多戰前史料皆已復刻、甚至數位化公開，但展示室的門一推開，日本時代臺灣文學的重要雜誌，如一九三〇年代糾合全島文藝團體的《臺灣文藝》、不滿《臺灣文藝》編輯方針的楊逵另闢的《臺灣新文學》，四〇年代西川滿主導的《文藝臺灣》、張文環另組啟文社創刊的《臺灣文學》、黃宗葵的《臺灣藝術》，以及池田敏雄記下臺灣民俗及習慣的《民俗臺灣》等等稀覯正本，在有恆溫空調的玻璃展示櫃裡一列列排開。儘管紙張泛黃，封面的色彩依舊鮮豔、沉穩。那種時光回溯、又時空壓縮的強烈感覺，還是讓人相當震撼。除了期刊雜誌，臺灣相關的文學單行本——西川滿畢生的出版著作固不待言，濱田隼雄《南方移民村》、庄司總一《陳夫人》等，也都在行列之中。戴著館方發給的白色棉質手套，翻閱這些七、八十年前的史料，動作的謹慎輕微，彷彿正壓抑著心底不絕的激動。

隔間打通的第四至第六展示室，則是歷屆「臺灣文學牛津獎」得主的專櫃、戰後出版物與文藝雜誌，以及母語文學作品。「臺灣文學牛津獎」由真理臺文系主辦，創系至今，每年都頒予一位對臺灣文學有巨大貢獻的文學家，舉辦學術研討會，歷屆得主有巫永福、葉石濤、鍾肇政、王昶雄、林亨泰、陳千武等。除了牛津獎

1. 雜誌《臺灣文學》等。（蘇冠人攝）

2. 鍾肇政先生墨寶〈戰後的臺灣文學〉。（蘇冠人攝）

得主專櫃，長邊的牆面掛著鍾肇政先生的長篇墨寶〈戰後的臺灣文學〉，十分引人注目。這幅橫亙一整個展示室、宛若大河的墨寶，是一氣呵成寫下的，難免的誤字漏字，便直接增補於側。據說真理臺文系臺南校區時期（現遷回臺北校區）的學生，必須要能背誦才能畢業。最後一間展示室是母語文學專區，象徵無論臺灣文學及其研究可以走得多廣、多遠，最終都要回到自己的母語及在地文化。這才是根本。

此外，十三座由作家本人（或後人）捐贈寄附的「專人文庫」亦值得一提。這種大批捐贈、幾無篩選的藏書，一方面可以更準確地判斷作家涉獵的知識領域、美學傾向，甚至呈現文學影響，同時更可廣泛地一窺作家——以及作為一般個人——的閱讀生活及日常趣味。以「西川滿文庫」為例，與西川的文學表象、宗教信仰

1

及引揚後的活動相應的是不少日本文學、法國詩歌及日蓮宗、占星術的藏書。有趣的是，在以藝文藏書為主的書庫裡，竟有一些電腦相關書籍，如Windows95、IE4.0的圖解教學手冊。西川晚年的詩集，某種程度仍保留了與戰前一貫華麗絢爛的裝幀美學，以及肉筆著色的手工感；但內文已非以往的活版鉛字，而是看得到鋸齒顆粒的電腦字體。午後的陽光透進書庫，翻動書頁而揚起的微塵在光束之中流動。聞著古本書庫特有的陳舊氣味，一面想像老年的西川滿在書房裡或許瞇著眼睛、敲鍵盤寫作，或是抓著滑鼠盯著大大的CRT螢幕上網的樣子……

或許，這裡就是一個走近西川滿、走進他的華麗島記憶，也見證日治以來臺灣文學一頁頁歷史的時光隧道吧？

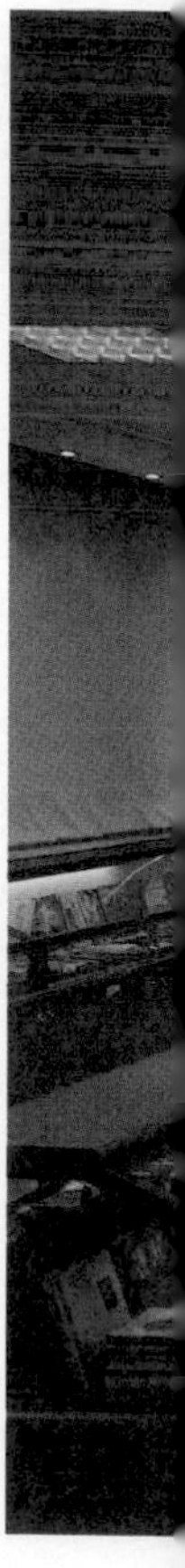

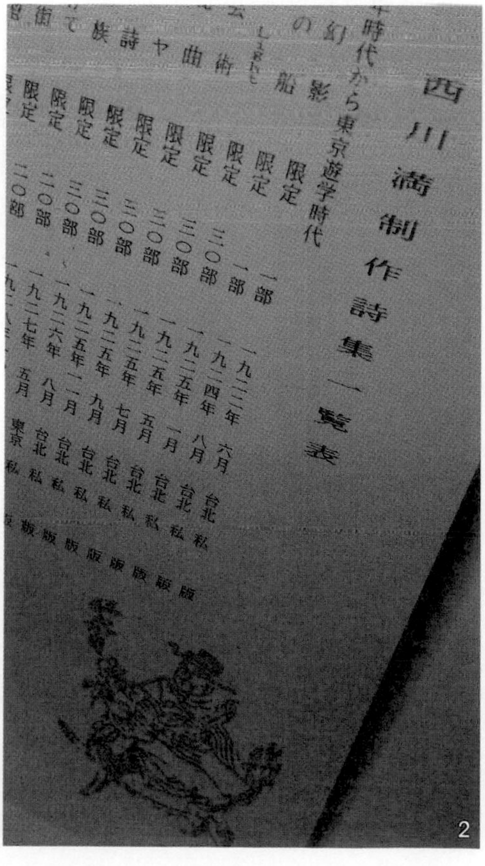

1. 第四至第六展示室一景，及牆面上歷屆「臺灣文學牛津獎」得主專區。（蘇冠人攝）
2. 西川滿詩集《咒》附錄的〈西川滿制作詩集一覧表〉。除了使用大家所熟悉的西川熱愛的臺灣民俗版畫，標題可見電腦字體的鋸齒顆粒。（陳允元攝）
3. 「西川滿文庫」一隅。（蘇冠人攝）

高雄文學館

清點地下掌紋般的沉積——

採訪、撰稿：elek

勾織記憶的重力場

小時候，這幢二層樓高的古典館舍就座落在綠地的同一隅，自一九五四年以來，作為圖書館靜靜地為讀者守候在這，對映斜對面高雄木瓜牛奶的炸雞，中華路往五福路方向的商圈，這裡著實是一處樂活城市當中更加恬靜的秘密空間。二〇〇四年，因應都市美學與公共圖書館空間改造，這座圖書館搖身轉型為「高雄文學館」，成為作家與讀者皆能閒適自在、匯集於此展開對話的人文基地。

儘管已轉變為兼具文學創作、教育與文化休憩的多功能空間，但高雄文學館仍保留圖書館功能，在一樓闢出一塊專區策設專展，步上二樓，左右各有數排高雄作家的簡介，在館方的蒐羅與整理之下，相關稿件陳列在展示櫃裡亦具規模，志工勤拂拭，何處惹塵埃。

近年來，臺灣文學與文化的關懷逐漸聚焦於地方脈絡，除了早年民間自發籌建的作家紀念館以外，各地地方文學館的設立，亦呈現一個更大的在地文學社群的視野，建構了更為細緻、更加扣合在地特性的人文想像。高雄文學館即是在這樣的脈絡下，於二〇〇六年完成「高雄作家資料專區」的建置，開展地方文學館的積極實踐。作家專區洋洋灑灑，除了創作緊扣高雄脈動的作者與作品以外，甚有短住長居、出身負笈、或拿過打狗

INFO

地　址｜高雄市前金區民生二路39號
電　話｜07-2611706~7
開放時間｜週二至週六9:00-21:00，週日9:00-17:00
　　　　週一及國定假日休館
門　票｜免費參觀

1. 晴空下的高雄文學館。（elek攝）

高雄文學館

1. 2. 二樓高雄作家資料專區陳列近兩百位高雄作家相關創作手稿文物。（elek攝）

3. 詩人謝碧修〈我們的歌——為傷殘者而寫〉詩手稿。（elek攝）

4. 展場一景，詩人、評論家簡錦松簡介。（elek攝）

5. 詩人鄭烱明〈給獨裁者〉詩手稿。（elek攝）

4

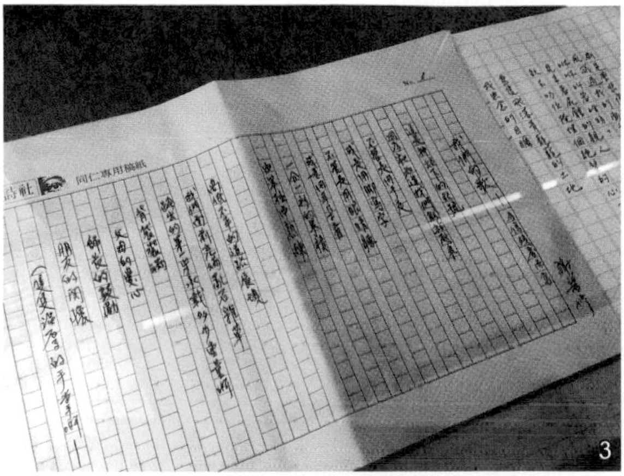

3

鳳邑文學獎的作家及其作品，高雄文學館都一一列入，拓展了更多關於高雄書寫、高雄觀點的可能性。這樣的展示，同時也是一次極其龐大而複雜的整理，但現階段資料專區的陳列與索引，著實已勾勒出高雄作家群的初步圖像，未來必定還有更多變化、進一步論述的空間。旅人或可先探尋諸位作者與高雄的因緣，不失為一觀覽樂趣，即使不是專攻臺灣文學、高雄文史領域的研究者，耐心讀過，也一定會新識得幾位作者，或重新發現高雄與諸多作家的生命關聯。或像我，意外發現寫《失聲畫眉》和《竹雞與阿秋》的凌煙，後來定居小港一處山腳下，務農，招呼客人，也寫作。

又或者在高雄作家的列隊中，不難發現有不少作家結緣高雄，是因為鳳山的陸軍官校。朱西甯、司馬中原、履彊等人皆然，不管是為國共戰爭或改善家境而赴鳳山，陸軍官校何以在彼、軍人身分的時代意義，就像是一座由臺灣歷史、社會現實與部分偶然織構而成的重力場一樣，牽引著作家所居處的地理位置與社會軌跡，好比一九六六年前鎮的加工出口區攸關李昌憲、陌上塵等人的創作亦如是。又如楊青矗，一九五二年隨家人從臺南七股搬來高雄，其父任中油高

5

雄煉油廠消防員，卻在楊仍少年時死於大火殉職。也不只是楊青矗或陌上塵，居處在這座日本統治時代以來即以重工業發展為歷史宿命的城市，直到戰後國民政府來到臺灣仍舊沿襲著同樣的發展想像，許多高雄人都靠中鋼、中船和中油撐持一家數口，楊青矗和陌上塵作品裡的意外與工殤，一旦放置於高雄歷史的觀照之下予以對讀，似乎也就不再只是個人或單一家庭的寫照而已，實是這座工業城市烙在個體生命史上的印記，二〇一四年的氣爆悲劇遠承於此。

陽光午後貪眠，掉進迴梯，順拾而下，一樓正是「高雄黑色勞工文學」特展，規模雖小，卻相當精實地呈現了這次展覽。在轉型為複合式的在地文學主題館舍之後，配合各項作家創作文物展的特陳，以及創作、閱讀與文藝活動的推廣，高雄文學館亦推出「文學家駐館」計畫，定期邀請

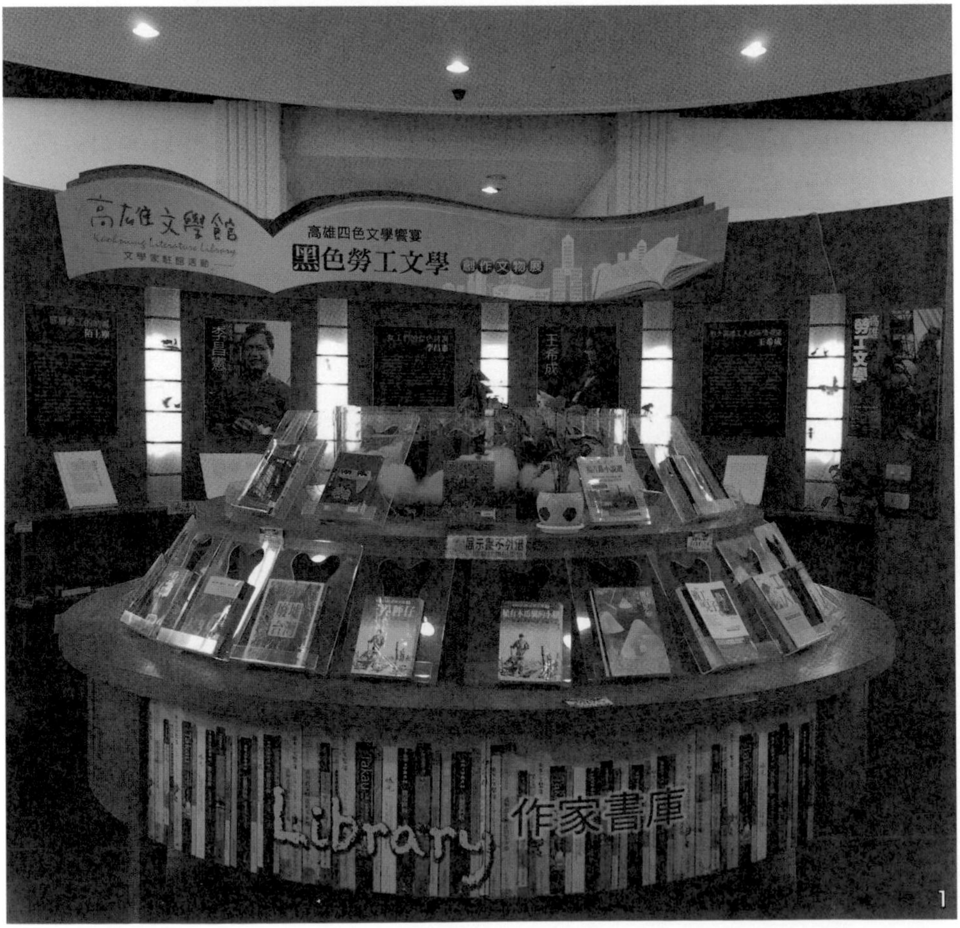

1

2

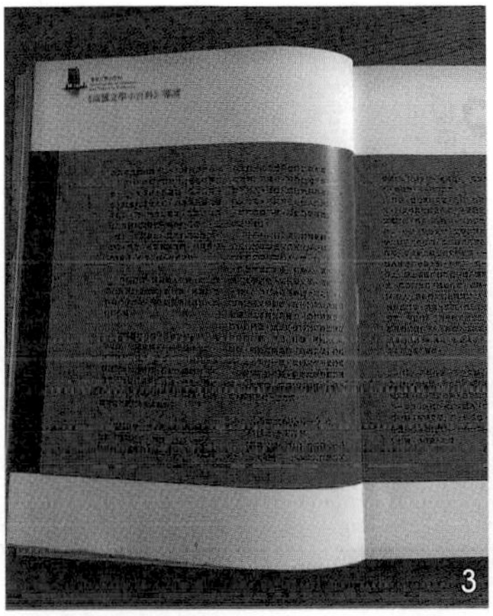

1. 黑色勞工文學展區。（elek攝）

2. 李昌憲展區與手稿。（elek攝）

3. 高雄市政府文化局出版《高雄文學小百科》，對高雄文學的建構與推廣用心甚多。（elek攝）

一位高雄作家駐館，辦理文學講座與市民互動，拉近民眾與高雄文學、在地文史的距離。透過作家的視線、文學的魅力，重新認識自己所居處的城市面貌。透過講座與作家互動過後，再回到特展與作家資料專區細細閱讀，諸作家作品與城市的脈理連結，高雄作家與文學的特殊性會更為立體。

撐開高雄文學

西側書架上敧著一本《擴張的盛夏》，文藝腔稠得比霜淇淋黏手，「雄中出身」又是一條認識高雄文學的線索。當然文字風格是會改變的，隨著創作世代年齡往下降，許多新秀是透過「駁墨三城」等文學獎浮現文壇。南北文青高中生儕輩間的差異，在文學獎制度與網路世界的傳遞過程中，恐怕已經遠小於高中與高職或城鄉之間。然而，地方發展的區域落差，在青少年藝文活動與出版資源上的匱乏，或許更值得我們注意，關於一座城市或學校能對深思善寫的少年造成什麼影響——少年能跟上手的媒介親近，跟其他一線城市裡的少年相似，卻同自己所在的城市疏離？事實上，高雄的人文與地景並非不可觸及，在官方與民間的共同關注之下，在地文史議題的發展與經營其實日漸蓬勃，反倒是在符控空間（cyberspace）裡，高雄往往只能成為調動「南部」、「野性」、「爽朗」等情感的符碼，成為人們對高雄港都的刻板印象。而或許，在站定在地文學館的座標之後，高雄文學館對於這座城市的嶄新想像，已經在文學的世界中逐漸開展。

文學往往離不開歷史，高雄文學館的位置，也恰巧離東北邊兩個路口的捷運美麗島站不遠。一九七九年，臺灣民主運動風起雲湧，高雄事件就

在這裡發生。當時參與事件的部分作家，在高雄文學館二樓都有版面，如施明正的作品集《島上愛與死》，可說是過往高壓政治時代之下一代人的心靈史，這顆心在高雄掙扎，同城則還有柯旗化與更多未能言說的生命經驗，作家則以其身亦以其文，留下了始終毅然的面容。

高雄事件的公開審判，加之及其後的政局演變，局面是一點一滴撐開，黨外雜誌益發興盛。五、六本週刊需要多少作者和編輯供稿審稿，當年的健筆有些挺到今天還在繼續寫作，或許這些文字與純文學作品已然有著不同的風貌，但吟自美麗島的長歌底下，文學的多樣可能性，也許就潛藏在歷史的縱深之中，等待讀者加以挖掘。

文學館的日常

民生路的林蔭不夠遮橫徵暴斂的陽光，走出館舍，光線越過左前方的公共藝術，給樓梯井的窗玻璃篩成楔形，哄哄切過椰子樹流雲勢必揪你放

1. 高雄文學廣場以數百支自來水筆象徵高雄文學不斷滋長的泉源。（elek攝）
2. 館側文學步道介紹高雄重要作家。（elek攝）
3. 高雄文學館入口意象樹立精神地標。（elek攝）

空，心生遠意。高雄文學館的日常跟地方圖書館一樣，市民借還書，長者閱報，年輕人閱讀乏了，就來到館外散步走走。館側有步道迤邐接進中央公園，步道邊的榕樹身高蔭闊，幾張塑膠椅，摺疊桌拉開，午後悠長，讓人想起前鎮的崗山仔公園，不同的風景，卻有著一樣閒適的心情。

造訪高雄文學館的朋友，出來不妨到斜對面喝杯木瓜牛奶，配炸雞或地瓜薯條，然後再度橫越中華民生路口，從高雄文學館側的步道彎進中央公園，散漫地走到五福路商圈、新堀江後面新田路一帶，有趣的小店窩藏其間。或者，你吸光最後兩、三口木瓜牛奶，沿中華路往西北方走到大路口，左手邊是舊的市議會，右轉沿中正路走個六百公尺，就到了美麗島事件的事發地，如今是處別無表情的圓環，不妨駐足體驗一下，在臺灣要認真記憶歷史，何其艱難。腳下是光之穹頂，義裔美籍藝術家 Narcissus Quagliata 的作品，捷運紅線和橘線交會於此，你可以前往許多景點，但有些地方只有文學能帶你去。是以城市需要一座文學館，測量島嶼沉積的深度。

為了表達人性的自由——

柯旗化故居

採訪、撰稿：elek

柯旗化故居座落於八德路「快樂龍」斜對面，我在雄中踏冊三年，經過多少次都不知道。八德路接民族路那頭，往昔是汽車百貨一條街；靠火車站這邊，一九七〇年代中到一九八〇年代，藍寶石大歌廳、今日戲院等娛樂產業火過一陣。柯旗化先生一九七六年從綠島返來，從這幢透天的二樓望出去，說不定見過正要竄紅的豬哥亮。故居一樓是「第一出版社」，是當年柯旗化為出版《新英文法》所創，目前還在營運，二、三樓為住居，開放參觀。

柯家本來不在這兒的。一九五一年，柯旗化受中學好同學陳文波牽連，由於家裡被特務搜出一本唯物辯

1

證法，雖判決無罪，仍因思想左傾，被送綠島管訓一年，直至一九五三年才回來。經陳文波介紹，認識蔡阿李，一九五五年結婚。婚後柯旗化為人作保，對方賴帳，當時月薪三百元的柯不得不代償一萬元的債務，只好申設第一英數補習班，兼教英文賺錢。沒想到生意甚好，一九五六年不但還清債務，還有餘裕在六合一路買下一幢中古二層透天厝。暢銷書《新英文法》的前身《初中英語手冊》脫胎自補習班教材，出版於一九五八年，再版連連，幾度修訂後成了影響兩代人的英文教材。柯為應付越來越繁忙的編印事務，把補習班遷到對街，在六合一路住處一樓開立第一出版社，這樣的格局搬到八德路之後仍照舊。

　　移厝八德路的一九六五年，柯旗化其實人不在高雄，他在臺東的泰源監獄。關在泰源的本省政治犯有臺獨

INFO

地　　址	高雄市前金區八德二路37號
電　　話	07-5312560#383
開放時間	週二至週五10:00-17:00，需電話預約申請 週六、週日及國定假日採預約參觀，週一休館
門　　票	免費參觀

1. 故居內所收藏的柯旗化照片。（elek攝）
2. 第一出版社的店招。（elek攝）

派和共產黨派，外省人分國民黨派和共產黨派，本省共黨派跟外省人聯合起來對付本省臺獨派，屬後者的柯旗化十分不齒，回憶錄裡有不少段落都在批評此事。柯旗化在獄中仍不輟修訂《新英文法》，一九六七年末出了增補修訂版，離初版已逾七年，長子志明也十一歲了。蔡阿李一直對志明、次女潔芳和次男志哲說柯旗化去美國留學，直到一九七〇年，國一的潔芳來信：「我懷疑您不在美國，而是在臺東。」

那通家書，柯志明在二〇一〇年出版之《獄中家書》的序文裡，描述為「莽撞」，其副本靜靜躺在故居三樓。那年代透天厝格局多相仿，面路那側窄，另側往街區裡伸展，於是光如同正義，只能橫著進來，淺淺偎在窗檯上。小木几，磨石子地，壓花毛玻璃。滿櫃日文書，一排文藝春秋出版品，五輪真弓的拷貝錄音帶，「Learn to Read」錄影帶，也是拷貝。

書房的一角有洗手臺，監舍的印象揮之不去。書桌上刻意放著三片稿紙，右首記「小時候住在左營，最高興的一件事，就是每年農曆五月，城

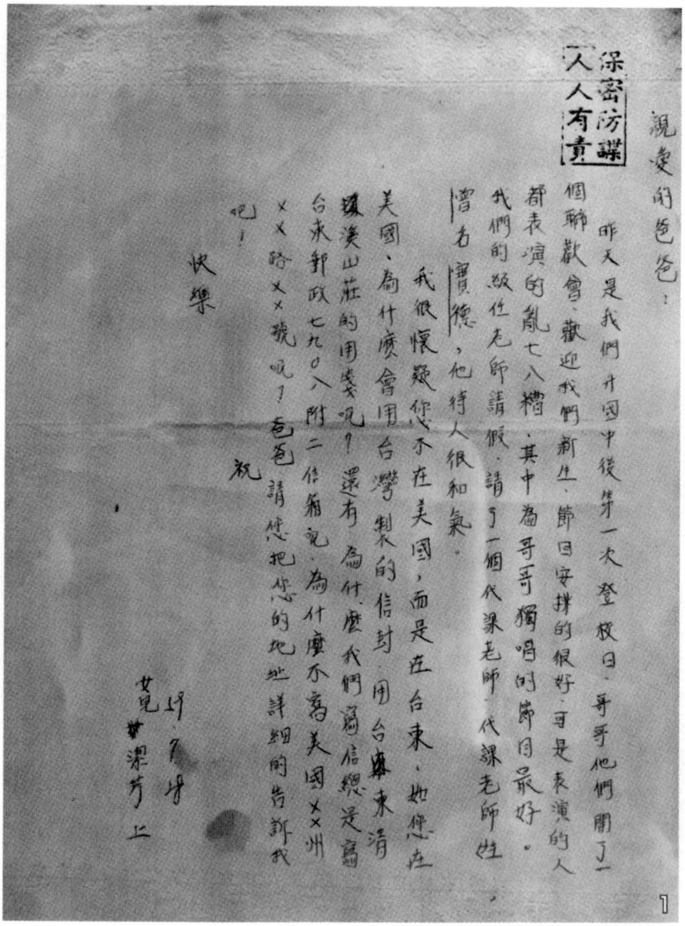

保密防諜 人人有責

親愛的爸爸：

昨天是我們升國中後第一次登校日，哥哥他們開了一個聯歡會，歡迎我們新生，節目安排的很好，可是表演的人都表演的亂七八糟，其中為哥哥獨唱的節目最好。我們的級任老師請假，請了一個代課老師，代課老師姓曾名寶德，他待人很和氣。

我很懷疑您不在美國，而是在台東，如您在美國，為什麼會用台灣製的信封，用台東清溪山莊的用箋呢？還有為什麼我們寫信總是寫台東郵政七九〇八附二信箱呢，為什麼不寫美國××州××路××號呢？爸爸請您把您的地址詳細的告訴我吧！

祝

快樂

女兒 潔芳 上 59 7 4

1

1. 「魯莽」的家書。（elek翻攝）

2. 3. 架上仍陳列著當時的拷貝錄音、錄影帶與日文藏書。（elek攝）

4. 柯旗化的書房，書桌上特意擺了三片稿紙。（elek攝）

2

3

隍廟大拜拜的時候」，中間則是某年四月上旬，跟著百數十人，被武裝憲兵押送，從臺北車站南下，「夕方頃列車は左營の近くの半屏山の麓を走っていた」（黃昏時分，列車駛在左營附近的半屏山山麓）。倘若造訪前你先讀過柯旗化的自傳《臺灣監獄島》，如此擺設就如同愛麗絲的兔子洞，指向一九五二年，那班列車固然開向柯旗化的家鄉，卻不會停留，柯將從高雄港被送往綠島，從無形的監獄島被押向有形的火燒島。

再會吻高雄，等我再回來
我為暫時的別離嗚咽
那令人留戀的高雄街
南十字星在椰葉蔭下

柯先生二度坐監的過程中，臺灣監獄島在女女男男自願抑不願的奮鬥中，喘息的空間一點一滴撐開了。彼時的臺灣如同後來的中國，成為歐美日的代工廠，高雄港有加工出口區，吸引周邊鄉鎮的勞動力，嵌不進高雄的文化與產業結構的人則奔赴中北部城市。城鄉移民的大潮追尋自我實現的機會，不同於被國民黨政府剝奪自由的柯旗化，但他們卻也都在這座巨大監獄的結構裡，半受迫半自願，

4

將自我這份材料扭曲成「合適的模樣」，彼此相忘。「負笈北上的高雄人，返鄉才得知故土有這麼一位先行者」，往三樓樓梯旁的留言簿裡有這樣一條留言。雖然有所預期，家書副本看過去還是不忍。

國民黨殖民臺灣動用無數暴力，蔣介石與蔣經國等當權者「極度缺乏安全感、過度防衛自己」，「在害怕、無知又不負責任之下」摧殘人際間與對制度的信任，張扭人性至極。試想柯旗化在三個孩子的成長過程中幾乎缺席，次男志哲給父親的家書，剪貼了一塊圖畫，「爸爸您高興嗎？」志哲問，快則數十日後才能知道回應，而回應必須經過獄方的信件檢查制度，蓋上「查訖」的藍色戳印，極權國家這個共讀者始終如影隨形。溝通被限縮，時距又拉長，人幾乎沒有選擇「其他劇本」的餘地，只能掌握窘迫的時間，演出那個最富期待可能性的模樣。志明國三那年，終於又見到闊別十載的父親，父親向兒子道歉，兒子說「不，爸爸才辛苦呢」，「我是尊敬爸爸的呀」。

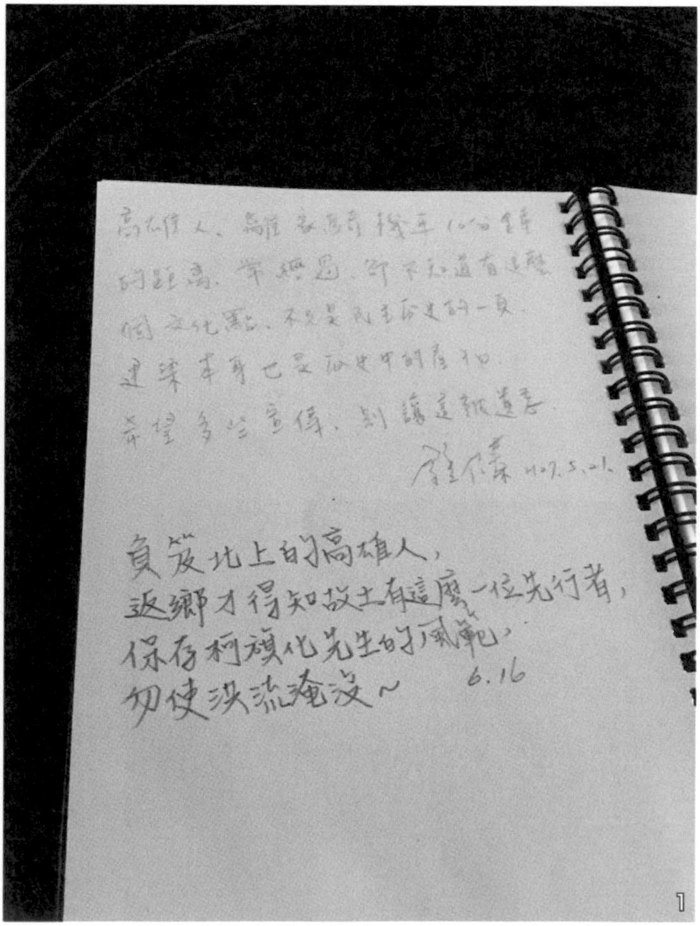

1

「我喜歡看柯旗化晚年的那些照

片，謙遜的微笑中有一種不屈不撓的意志。」中國流亡作家余杰寫道。照片確實如此，然而讀故居陳列的家書副本和《獄中家書》又是另一回事。在余杰眼中透露不屈不撓意志的微笑，跟家書和安全檔案之間，沉隙最深的是從家書折射出來的壓抑、收斂、迂迴，柯家三個小孩對「爸爸在美國」的不同反應，還有柯旗化對蔡阿李的種種催促，收納在信末的

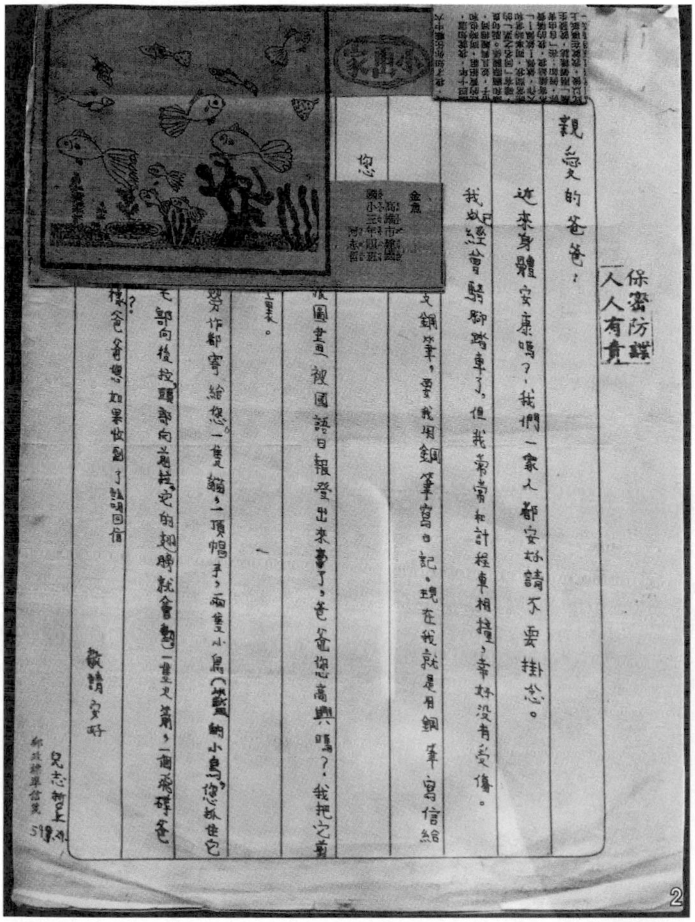
保密防諜
人人有責
親愛的爸爸：
近來身體安康嗎？我們一家人都安好請不要掛念。
我已經會騎腳踏車了，但我常常和計程車相撞，幸好沒有受傷。
敬請安好
兒志哲上

1. 留言本內，離鄉的高雄人所寫下的留言。（elek攝）
2. 志哲寫給爸爸的信。（elek攝）
3. 判決書複製品。（elek攝）

「又……」用言時顯焦慮。

柯旗化被關了十七年，直到一九九四年還有監控報告存檔，記錄他參與民進黨的活動。該員警在「建議事項」欄，填「繼續加強監控繼續列管」。我羨慕蒙田能這麼寫：「我們置身於敵對的人們之間並不妨礙我們恰如其分、光明正大地行事」，「在國家動亂、社會分裂的時候，若是搖擺不定，調和折衷，感情木然，沒有傾向性，我覺得此種行為既不光彩也不誠實。」《臺灣監獄島》完稿於一九九二年，同年刑法一百條修正，不過初版仍是在日本。柯旗化在自傳裡直陳喜惡愛憎與如此判斷的理由，讀其文，我確實感受到「一個略帶天真、守分而可以信賴的凡人」，一如其故居的擺設與藏書，細微但深刻地觸擊訪客的歷史意識。或許，我們可以給他人更多表現人性的自由，並且拒絕抹消這種自由的政權。

1. 《臺灣監獄島》日文版書影。（elek攝）

2. 客廳與展示區。（elek攝）

第一座平民文學家的紀念館——鍾理和紀念館

採訪、撰稿：王欣瑜

倒在血泊裡的筆耕者

鍾理和（一九一五年～一九六〇年），生於屏東高樹廣興村，十八歲以後，為了協助父親鍾鎮榮的農場事業來到高雄美濃，也在此認識了未來的妻子鍾台妹。由於當時同姓相戀不見容於社會，加上鍾理和對中國的嚮往，一九三八年他先隻身前往滿州，一九四〇年返臺偕同台妹遠奔中國，直至戰後一九四六年才回臺。回臺後不意染上肺結核的他，隔年住進臺大醫院養病，在臺北治療三年才出院返回美濃。一九六〇年八月四日因結核病重，吐血在稿紙上，結束了短暫的人生，文友陳火泉將其喻為「倒在血泊裡的筆耕者」。重要作品有長篇小

1

說《笠山農場》、「故鄉」四部等。

美濃並非鍾理和的出生地，卻佔去了他大部分的書寫篇幅；鍾理和紀念館所在地，即是作家文學活動相對活躍時期的生活處所。鍾理和的兒子鍾鐵民，除了承接衣缽成了作家，也極力將父親的文學發揚光大，無償捐出這塊土地，籌建作家紀念館。

當第一，沒那麼容易

鍾理和紀念館於一九八三年八月七日落成，是臺灣首座平民文學作家紀念館。不過，當時的館舍並非如今所見的二樓樣貌，囿於經費短絀，自籌建起便向外募款，一直要到一九八六年，才依照「美濃地下建築師」李旺輝的設計圖完成。館舍內部曾多次更新，但外貌幾乎就是一九八〇年代落成時的模樣。

一九七六年，張良澤主編的《鍾理和全集》出版——這也是臺灣文學

2

3

INFO

地　　址	高雄市美濃區廣林里朝元95號
電　　話	07-6822228
開放時間	9:00-17:00，週一休館
門　　票	免費參觀

1. 鍾理和紀念館外觀。（連偉志攝）

2.3. 鍾理和與妻子鍾台妹。（鍾理和文教基金會提供）

1. 一九八二年，鍾理和紀念館一樓完工。（鍾理和文教基金會提供）

2. 一九七六年由遠行出版的《鍾理和全集》，封面是由左翼畫家吳耀忠所繪。（連偉志攝）

3. 鍾理和紀念館落成。（鍾理和文教基金會提供）

第一套作家全集。張良澤教授任教成功大學期間，經常帶領學生到美濃笠山下拜訪鍾鐵民，親炙作家筆下的文學地景。當時，張教授曾建議保留鍾理和的生活原貌，但因鍾家老屋屋頂塌陷，已影響家人日常生活，必須拆除重建。重建後，為回應熱情的文學粉絲，鍾鐵民原本打算在屋內建置資料室，陳列鍾理和的手稿和照片，不過因《鍾理和全集》付梓，造就一波閱讀臺灣文學的風潮，且其他文友如葉石濤、彭瑞金、袁壽夔、陳鼓應、柴松林等人也經常到鍾家聚會談天，由此逐步形成另起鍾理和紀念館的構想；其後，又有導演李行拍攝鍾理和傳記電影《原鄉人》大受矚目。鍾理和紀念館的成立便在這樣的背景下，孕育而生。

不過，要當第一並不容易。一九七九年六月，由鍾肇政、葉石濤、林海音、鄭清文、李喬、張良澤六人聯名發出籌建鍾理和紀念館啟事；一九八〇年八月四日，鍾理和逝世二十週年時破土動工，原本預計一年完成，但遇物價波動，經費不堪負荷，一路建建停停，需仰賴南部文友舉辦募款餐會，集結臺灣文化界和新聞界的力量，及美濃在地知識分子宋永松、鍾森松、李旺輝等人支持，工期將屆二年才大致完工。在一九八三年館舍落成前夕，民歌手鄭盈湧還邀請了多位臺灣詩人和歌手在高雄中正文化中心義演，為隔天的落成典禮募集基金。

由於當時臺灣還不曾有為作家建館的前例，又值戒嚴時期，引來了不少政治關心，警察經常到笠山下追問家屬蓋紀念館的用意，有時甚至問到半夜。後來在時任交通部長的林金生——也就是雲門舞集創辦人林懷民的父親，向中央政府解釋興建紀念館的歷史意義，說服黨政高層，並做政治擔保下，終於解決政治阻礙，再由

2

3

美濃知識分子重組籌建會募款，繼續完成館舍。

關關難過關關過

為使鍾理和紀念館永續經營，辦理、推廣更多文學活動，一九八九年鍾理和文教基金會終於成立。其實，在一九八〇年十月館舍籌建期間就曾組過董事會，當時決議由柴松林擔任董事長，董事有朱西甯、葉石濤、林懷民、鄭清文、李喬、李行、鍾肇政、李昂、彭瑞金、黃森松和鍾鐵民，監事為林海音、王慶麟和高信疆等人，向教育部提出申請並通過，但是在地方法院登記時卻拖了一年多，緣因經費依靠各方贊助，被譏諷為「要飯的」，最終落得否決的下場，成立基金會一事也就擱置。直到一九八九年，才由柴松林重新提出申請成立。

一九九七年，鍾理和紀念館兩側

1. 臺灣文學步道中的鍾理和雕像，由何恆雄花一年時間打造，並截取作品〈游絲〉文句：「我相信自己的愛，我將依靠他為光明的指標！」置於雕像旁。（連偉志攝）

2. 鍾理和的《笠山農場》就是在這塊寫字板上完成。（王欣瑜攝）

3. 鍾理和的書桌和書架。（王欣瑜攝）

2

3

建置「臺灣文學步道」，除了有雕塑家何恆雄耗時一年所打造的鍾理和石雕像座落其中，更有三十五位臺灣作家的文句石碑圍繞。「臺灣文學步道」設立起因為一九九六年，詩人曾貴海發表〈從盛岡到美濃〉一文，感嘆地方政府未能像日本推崇在地詩人石川啄木般重視臺灣作家而提出建議，這樣的想法受到時任高雄縣長余政憲的支持，遂由南部作家組成了臺灣文學步道工作小組，推動建成臺灣第一座文學步道。二〇一三年，紀念館附近的土地經過整理，再擴大規模為鍾理和文學園區，春分後，常有鳥友來此觀察灰面鵟過境；社區民眾也以此為根據地，嘗試恢復農作，或創作鍾理和文學相關的現代裝置藝術作品。

因應時代變遷的轉型

一九八三年鍾理和紀念館成立以來，鍾家付出不少金錢、時間和心力勉力經營，前館長鍾鐵民認為紀念館是靠民間的力量才能成立，因此不願意販售門票，到現在都還維持免費入館，因此即使基金會成立，經費依舊得仰賴販售紀念品和計畫挹注。一九九四年的美濃反水庫運動以後，鍾理和紀念館開始和社區有較多連結，才慢慢有美濃愛鄉協進會等在地組織的投入，協助維持運作，每年在此舉辦的笠山文學營，都能見到在地志工的身影。鍾理和紀念館除了面對全臺的文學愛好者，也進一步深入社區，期盼在地人能更認識自己家鄉的作家。

鍾理和紀念館籌建之初，原以作為「臺灣文學資料館」為目標之一，但國立臺灣文學館成立後，館舍經營方向有所調整，目前一樓展覽鍾理和的作家生平，二樓則延伸鍾理和及其作品敘事，輔以鍾理和紀念館的籌建過程介紹。其中比較特別的是，一樓

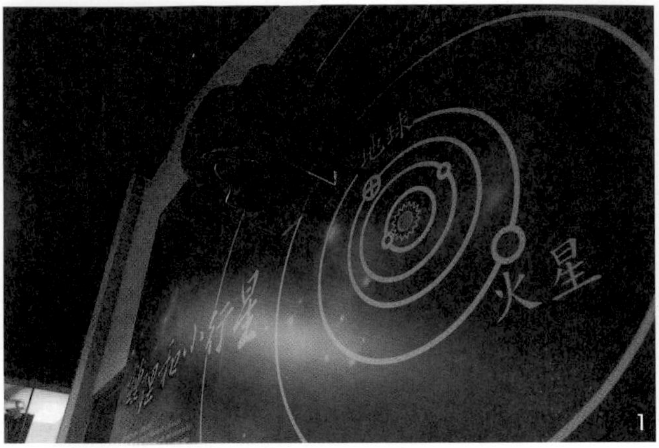

1. 鍾理和小行星模型。（王欣瑜攝）

2. 鍾理和文學音樂專輯《大地書房》封面。（鍾理和文教基金會提供）

展出鍾理和散文〈我的書齋〉中寫到家中尚無書桌、跟著木瓜樹影靠著藤椅寫作時所用的寫字板，以及過世前兩年才完成的苦楝樹訂製書桌；二樓則有中央大學發現，第一顆以臺灣文學家命名的「鍾理和小行星」（Zhonglihe）模型。

為推廣鍾理和文學，鍾理和文教基金會不但每年舉辦笠山文學營、出版文學書籍，也嘗試開發多項文學周邊商品，如文學馬克杯、環保筷、便條紙、資料夾、明信片、筆記本等等。二〇一〇年，更與在地音樂人林生祥合作，推出文學音樂專輯《大地書房》，鍾理和的文學與林生祥的音樂創作，譜出美濃在地文藝的美妙樂音。而館內也提供語音導覽，提供鍾理和文學園區的全區介紹。有機會的話，不妨來到鍾理和文學園區，認識鍾理和的文學之路，以及這幢紀念館背後那一段與臺灣文學發展等身的重要歷史。

微觀在地，建構歷史的深度旅行——屏東旅遊文學館

採訪、撰稿：蕭鈞毅

小而精準的「旅遊文學館」

位於中山公園旁的屏東旅遊文學館，一開始只是在介壽圖書館裡面的附屬館舍，於二〇〇八年才正式轉型為獨立功能的「屏東旅遊文學館」。相對於其他以作家、文物為主，遍布臺灣各地的文學館舍，旅遊文學館的規模相對小巧，但從外部看著，卻有一種親切的感覺，讓人想起國高中時以準備考試為名，實際上可能是兩小無猜手牽手、或往文學區消磨一整天的圖書館。

介壽圖書館的一樓改設為旅遊文學館的獨立空間後，二樓還設有屏東縣作家文庫與縣史資料室，地下一樓及三樓則仍維持圖書館原有的閱報室與自修室。在這樣的配置中，可見屏東縣政府文化處妥善發揮圖書館特性，一方面有意識地呈現「旅遊」的主題，另一方面更將「文學」的視線重新帶回在地出身或書寫屏東的作家作品，即使不一定是以「旅遊文學」為名，可是書寫一地之景致、社會、與人物的情感，恰是文學可以更細緻

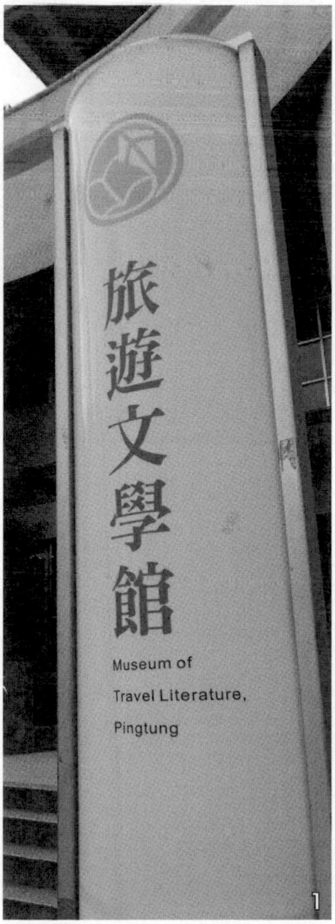

1. 屏東旅遊文學館入口立柱。（鄭清鴻攝）

INFO

地　址	屏東市公園西路24-2號
電　話	08-7365010
開放時間	一樓旅遊文學館：週二至週日9:00-17:30 二樓作家文庫、縣史室： 週二至週日9:00-12:00、13:00-17:00 國定假日休館
門　票	免費參觀

1

處理的工作。也因此，在圖書借閱或自習之外，這裡還多了一處空間可以自由沉澱、重新認識屏東所孕育出的文學，透過旅遊拓展更寬廣的視野。

屏東旅遊文學館是目前在全臺各地唯一一座單獨以「旅遊」及「文學」為主題的館舍，館藏以旅行工具書、旅遊文學為主，從屏東在地出發，由臺灣放眼國內外的各種旅行寫作或指南，藏書千冊，相當豐富。如果無法出國，不如來這裡一邊翻閱旅人所寫下的點滴見聞，一邊想像一次盛大的旅程。館藏的各種工具書與指南，已然是你每一次壯遊各地的起點。

除了靜態的閱讀之外，旅遊文學館也妥善利用空間，以不同主題的展覽、講座等活動規劃，營造與社區高度互動、知識流動的功能。每一次的活動，也都準確地回應著當下社會的現實議題。諸如一〇二年度「我的異鄉．孩子的故鄉——新住民節慶特

1. 以介壽圖書館一樓為主體的屏東旅遊文學館。（鄭清鴻攝）
2. 精緻的館藏空間，每逢假日總會有讀者於此共讀。（鄭清鴻攝）
3. 書架上標示國家或區域，便利讀者以特定目的地快速查找。（鄭清鴻攝）

展」、一〇三年度「越來越幸福——跨國牽手婚姻禮俗展」等展覽，以新住民為題，積極地為時常被誤解、標籤化的一群人提供抒情意義，以及關於「故鄉」的新概念。而一〇四年度則是以屏東在地產業歷史為題，細談在地經濟產業縱貫百年的模式，對文化生態的影響，題為「綠色經濟的故事——屏東百年產業變遷」。

經濟與歷史，乍看之下和旅遊有些距離。然而一旦深入細想，經濟、產業的發展過程，與旅遊型態、環境景觀之間的串連，確實是息息相關。百年來，屏東作為農業大縣，農林漁牧等第一級產業發展出現相當大的變化，而屬於二、三級產業的商業與觀光業，也都必須在第一級產業轉型的基礎之上，重新思考新的可能性。也因此，旅遊文學館以「綠色經濟」作為關鍵字，除了突顯觀光旅遊與產業轉型、生態永續之間的關聯以外，更是要提醒旅人與在地民眾，都應該對於彼此所共同居處的土地或環境，抱持著最基本的認識與關懷，而不只是吃喝玩樂、走馬看花而已。

旅遊，是一次把自己投身在異鄉的實踐，但「旅遊文學」這個文學詞彙，所重視的不只是旅遊的享樂，在不同作家的關懷之下，它時常閃露出對生態、環境、文化脈絡、政策與自然的深切反省。當然，旅遊文學也可以只是單純的介紹陌生的習俗、遙遠的異鄉、美食、盛景、華麗的活動與轉身，再從中得到一些輕巧的幸福，但是這種書寫無法真正地抵達讀者的內心，或是給予讀者在旅遊時刻應該抱持的謙遜。

而這樣的思維，也正是作為議題的「綠色經濟」正在面對的事情。誰能說這樣的題目與旅遊、與文學無關呢？藏在裡頭的人與自然之間的艱難、困境、曾經犯過的錯誤造成的後果、找到良方緩慢地救贖，這些情感的張力已經是一部文學作品的題材，不一定僅限於旅遊文學；然而，從旅

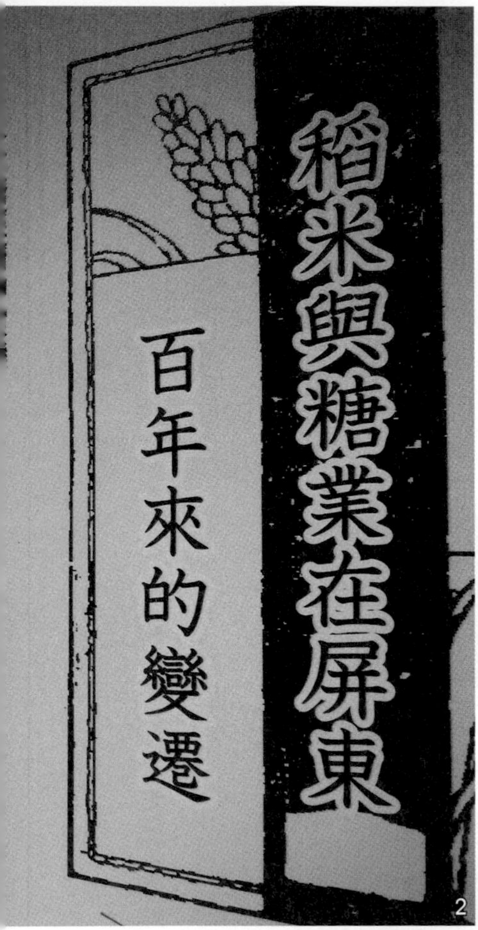

1..展場入口。（鄭清鴻攝）

2. 由農業主題開展屏東產業的百年變遷。（鄭清鴻攝）

遊文學的角度來想，「異鄉遊客」的視線，能訴說旅遊地點的優缺、那些地方是珍貴的、不可以被放棄的，也能訴說有哪些部分，可以做得更好。

希望世界能更好，並且始終保持謙虛——這是旅遊文學的價值，也是旅遊文學館的用心。

大武山下的文學長河——屏東縣作家文庫

參訪過一樓的旅遊文學館後，循著指引走上二樓，便是「屏東縣作家文庫」與「屏東縣縣史資料室」，這裡是一處同樣舒適的閱覽空間，但藏書卻是相對於旅遊文學的另一種風貌——如果旅遊文學館帶給讀者的是移動的眼界，對異地、他者文化的探索與發現，那在這裡，就是出身於屏東或曾書寫過屏東的作家們，以更長時間的居住與停留，與這片土地產生更深厚的連結，寫出一篇篇根深泥土

1. 屏東縣作家文庫入口。（鄭清鴻攝）
2. 進入文庫後，可見詳盡介紹屏東文學發展的主題展板。（鄭清鴻攝）
3. 大武山文學獎作品集。（鄭清鴻攝）

的詩篇所積累出來的在地視角。

不管是經由國文課本、全國性文學獎，或者透過知名文藝雜誌，我們總是可以想起不少享譽盛名的作家。但在主流文壇之外，我們似乎很少知道地方上有哪些默默耕耘的文學工作者。或者剛好相反，我們是在地方文學館才偶然知道，原來某位大作家和這裡有關，屏東是他或她的精神原鄉，也曾是文學史上那些叱吒風雲的作者們心之所繫、身之所居的場所。在這裡，浩瀚的臺灣文學史引出了一條屬於屏東在地的涓涓長流。

一進作家文庫，精緻的展板訴說著屏東文學的發展歷史，從屏東書院的興建開始，先是日治時代高喊以臺灣話紀錄臺灣事物、追求臺灣文學，掀起波瀾壯闊的新文學運動的黃石輝；因違反治安維持法入獄，以詩文體現悲苦勞動者生活與被殖民命運的薄命詩人楊華；曾赴日本求學，以文學評論見長，戰後躲過二二八卻仍受白色恐怖牽連的劉捷，三人拉開了日本時代臺灣新文學在屏東的序幕。戰後則有出身屏東高樹，終身筆耕不輟，最後於寫作中咳血去世的鍾理和；長年隱居田園、晴耕雨讀，專注於文學創作的陳冠學，留下臺灣散文經典《田園之秋》並鑽研臺語之學問與優美；長年致力於兒童文學、童詩創作，並成立「屏東縣語文教育研究會」的作家黃基博等等。其他還有女性作家林剪雲，出身屏東而在他鄉大

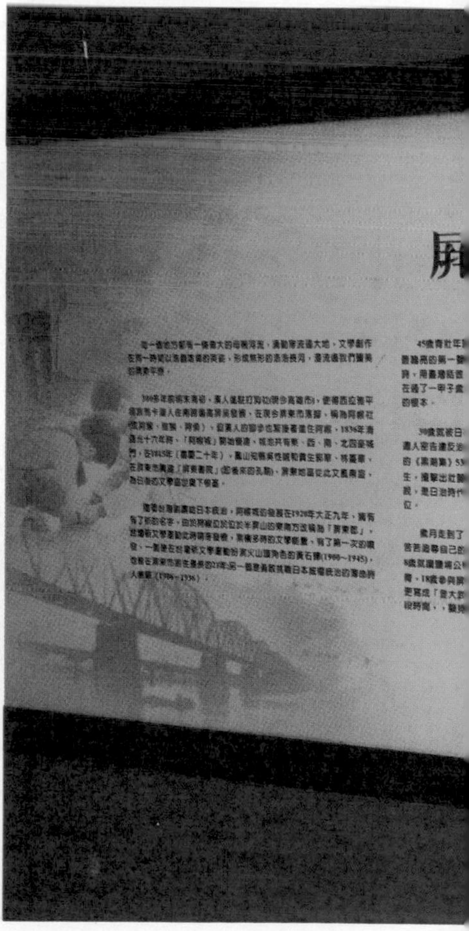

3

放異彩的作家李敏勇、曾貴海等等，一一填補了這些作家在文學史上未必被特別強調的地緣性，也豐富了屏東文學的底蘊。

此外，屏東縣政府每年持續開辦大武山文學獎及大武山文學營，期望透過穩定而持續的推廣活動，深耕屏東文學的創作與閱讀，如今已培育出許多在地寫作的人才，年齡亦有年輕化的趨勢。未來，屏東縣作家文庫必將更為充實，呈現更為鮮明的在地視野。

站穩在地，重新理解歷史與文學

屏東旅遊文學館以在地的視野開展關於「旅遊」的想像，但絲毫不減它的意義與讀趣。尤其是綜覽旅遊文學館與屏東縣作家文庫後，不難發現旅遊文學館往「屏東」這個充滿歷史氣息的詞彙靠攏，站穩了在地的重心，在真正地觸及到「旅遊」與「文學」之前，旅遊文學館先努力地梳理著在地的歷史記憶，並一一拾起在屏東作家在歷史經驗中所粹練出來的文學結晶，而後放眼臺灣、東亞以及全世界。以旅遊文學為名，旅遊文學館吸引了有興趣的旅人或在地讀者到館，不但為屏東提供了本地旅遊的可能，也讓歷史與文學透過旅遊，細細地回滲到我們日常生活的肌理，厚實讀者的精神世界，啟動更多元的想像力。

我想，這就是屏東旅遊文學館最核心目標，它要推廣的不單單只是旅遊或文學，而是從在地的角度出發，告訴原有的居民、新來的住民、或其他外鄉的遊客，旅行可以帶著更積極的意義，無論走到何處，都要懷著反思的視野與關懷，從旅行的過程中，思考個人與環境最理想的相處方式。

1. 大師級創作者展示區，包括楊華、黃石輝、劉捷、鍾理和、陳冠學、黃基博等。（鄭清鴻攝）

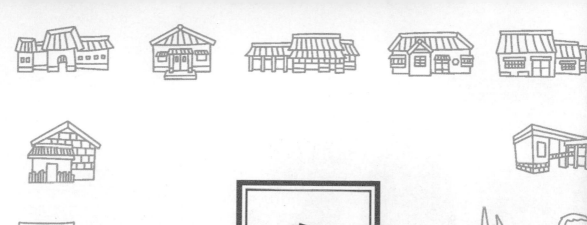

在地走讀

作家原鄉・創作現場・文學地景

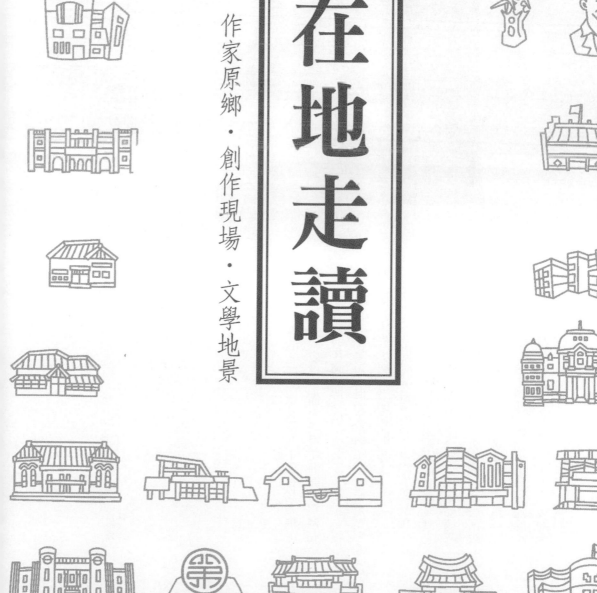

Course 1

李榮春的頭城時光

▲時光走過了的斑駁牆面，但頭城仍留有李榮春見過生活節奏與小鎮風情。（呂焜霖攝）

採訪、撰稿：呂焜霖

- 十三行與和平街
- 天主堂
- 火車站前日式町屋

初訪頭城的遊客，或許是為了前往烏石港一騁逐浪之快，或是準備大啖現撈海鮮，食個痛快，或者要前往蘭陽博物館，看建築之奇構，探究蘭陽的山海時光。但如果你只去了這些熱點，那麼你就錯失了與古老頭城的相逢。

要如何往頭城的內裡走去？也許，要跟我一樣，走進老作家的呼吸。而李榮春的呼吸，就在這他每日凝視的頭城街上。除了館外的文學地圖可供訪客初步勾畫行走路線，還可翻閱鎮公所製作的李榮春文學劇場手冊《一片春帆帶景來》，在字裡行間中走揣老頭城，再加上手冊內附的小鎮地圖，就能跟著老作家的腳步穿行在小鎮的今昔之中。

▲ 李榮春文學地景之「和平街」。（呂焜霖攝）

▲ 和平街一隅。（呂焜霖攝）

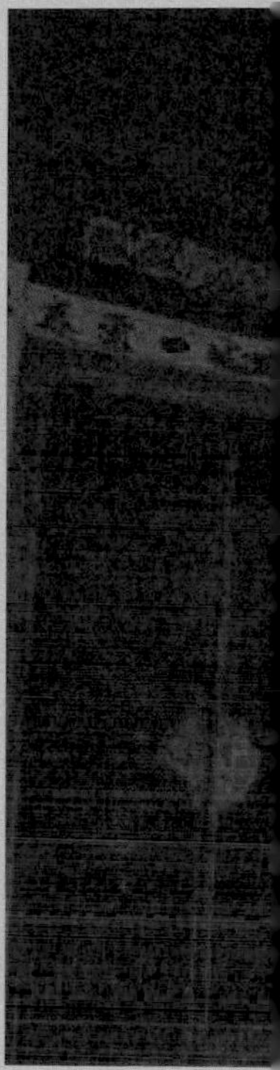

十三行與和平街

頭城，開蘭第一城，而在開發領地的冒險故事中，「十三行」也許是最有傳奇色彩的。十三行所在位置，也是頭城的第一條街，因為烏石港的交通之利，使得這條街也有小蘇州的美稱。然而，開發故事最讓人惋嘆的情節，就寫在十三行的荒棄上。

現在這被叫做十三行的地方，是曾有一位泉州人準備在這裡大展鴻圖，豪氣建造了一座一百多個隔間的房子（作為倉庫使用），卻發現烏石港終將淤塞的事實，因而中止計畫，空留下那些房子。

隨著時序流轉，這頭城第一街的繁華也擋不住他處新街的起造，成了過眼雲煙，而午後走在「十三行」真有點荒棄之美。李榮春在《八十大壽》一書中說：

> 在這裡他不曉得曾經看過多少世事的遷移變化，悲歡離合，卻只有它（十三行）獨自一直保持著原來的樣子，絲毫都像不會

▲李榮春文學地景之「盧宅」風景。（呂焜霖攝）

◀盧纘祥故居現貌。（呂焜霖攝）

> 有什麼一點改變。它可能將會一直成為這裡一切已經過去的見證，隨著時間同時將會令人只有對它一直加深一層思古之幽情。

往和平街另一頭走去，先看見一和洋混風建築，此即清代經營十三行而致富的盧家宅第「盧纘祥故居」。盧纘祥被收為盧家義孫後，少年經商有成，又擔任公職，戰後出任首任頭城鄉長，一九五一年更當選宜蘭縣首任縣長，然而英年早逝，如今透過氣派的故居，宛如仍可見時代變動之下，一代仕紳在頭城地方的風姿。

由盧宅再往前，便是媽祖宮廟。站在廟前，我藉由老作家的文字想像前方的馬路，在好久好久以前，就是尚未淤積的烏石港。當下，抽象的時間因此有了鮮明的距離。無怪乎李榮春要說：

> 即使這時無論哪一個人從現代都市一跑到這裡，時間立刻便會倒轉到兩百多年前的辰光中，同時會引起每一個人一陣思古之幽情。

老街，就是一段老去的節拍。

▲▼鎮公所邀請國際藝術家在頭城老街文化藝術季中，為小鎮增添趣味彩繪。圖為插畫家「鉛筆馬丁」和厄瓜多藝術家Theo Marmolejo合作繪製。（呂焜霖攝）

天主堂

在頭城的幾座宗教建築中，最引起我好奇，想要特別一探的便是有「大金瓜」之稱的天主堂。它不同於東方廟宇的建築外型，座落在這座小鎮上，引人目光的不只是它的異國風情，更有過往那必曾苦辛的宣教之路，必然有些故事。

然而，當我穿過和平街，來到天主堂前，不巧它正像果物包覆網袋一般的在整修，周圍是比聖堂更高更新的建築，自然想起李榮春文學館的館員曾提醒的：「現在的頭城，與李榮春文學館所記錄的小鎮自然是有所不同的，商業與觀光人口帶來的改變很大。」

這樣的變化大概就是作家也已了然於心的吧。李榮春在他的一本小說《懷母》中寫著：

> 一直矗立在屋頂的那隻十字架霓虹燈也不發光照亮四周的黑暗，再看不到它的紫色閃耀的光芒。這情形與周遭的變化，迴然不同，顯示著兩個不同世界的消長，已經完全失去平衡。

▲頭城火車站前的日式老屋。（呂焜霖攝）

在這曾是重要港埠的濱海小鎮，自然早已熟悉興衰，如同海浪起伏。走過三分之二的小鎮，從公所安排的觀光活動，新起的工程，都能感受到的不只是古意，還有它試圖再造榮景的扭力。

火車站前日式町屋

走往車站的路上，遇見幾間日式老屋，它們已成為青年歇腳的新去處，好似整個午後都可以就泡在一杯咖啡裡，看著窗外闊葉的粉色緬梔開著，就算有一搭沒一搭的聊天也沒人在意，有時只有復古風扇戛戛響著，一派悠閒氣息，那是小鎮給我的另一番印象。也是李榮春來不及記下的新起的懷舊時光。

你問我應該如何結束在小鎮的最後一站？也許就是找間喫茶小店，冰果室坐下來，將頭城的回憶吃下肚。或者簡單點，在火車站前買一份油炸蔥油餅。看著老闆將現擀的餅皮放入淺淺的油鍋中炸著，起鍋前打蛋撒蔥，簡單美麗。燙手燙口的吃著，滿嘴油光又滿是蔥香。如此一來，你的文青小旅行，在慢行的區間車上就有了想再來一次的念頭。那就是一種回味吧。

Course 2

行走入深林——三毛的清泉秘境

採訪、撰稿：留婷婷

▲ 桃山國小田徑場及教學樓。（留婷婷攝）

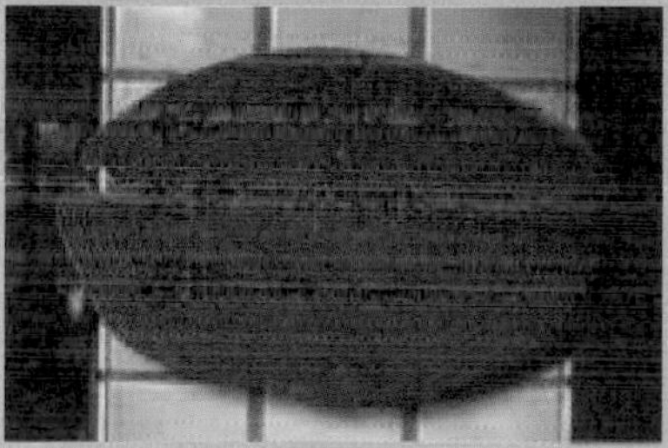

◀ 三語門牌。（留婷婷攝）

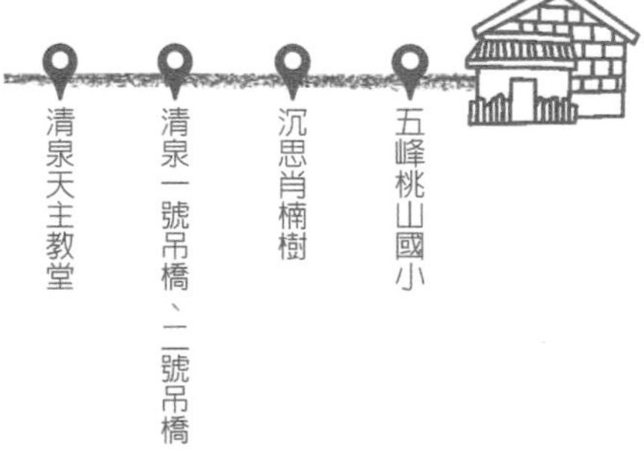

五峰桃山國小

設立於一九一七年，日治時期名為「井上教育所」，戰後改稱「桃山國民學校」，一九六八年又改名為「新竹縣五峰鄉桃山國民小學」。校內建築紋飾極富在地特色，辦公室門前的原木名牌上也同時標有中文、英文及泰雅族語三種文字。此外，為紀念二〇〇三年艾利颱風災害，田徑場兩旁亦林立了許多以古法建成的泰雅族傳統居所，象徵著生生不息的原民族群及文化。

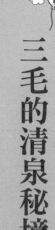

▲一號吊橋塔架。（留婷婷攝）

▲肖楠樹全貌。（留婷婷攝）

桃山國小背山向溪、景色清幽，同時也是三毛慨歎著「如果可以來這裡教書，也許會是我在台灣長留下來的理由」之處，以及丁松青神父拖著病軀完成長跑比賽，從而在「清泉一年一度的村運會」中，獲得「最佳精神獎」的地方。

沉思肖楠樹

位於三毛夢屋側，上頭有寫著「一九四九年種植的肖楠樹下是三毛沉澱靜坐的地方」字樣的木牌，與木製門楣一樣，皆出自原房東之手，而目前的樓房所有權已傳至子輩。據悉，附近民房都曾因颱風侵襲而被衝垮，唯肖楠樹抓地力深而廣，方能屹立至今。

清泉一號吊橋、二號吊橋

一號吊橋啟用於一九七九年，連接此岸的三毛舊居及彼岸的環山步道（今已部分坍方，不宜行走）入口，為清泉部落四條吊橋中歷史最悠久者。二號吊橋則一頭通向桃山國小，一頭引至清泉天主教堂，是三毛初次造訪清泉山村時，印象深刻的風景之一：

▲ 二號吊橋全貌，對面為桃山國小。（留婷婷攝）

> 神父與我趴在橋上，腳下的溪水並沒有漲滿，一塊塊的鵝卵石散滿了河床。風，呼呼的抬上來。
>
> ——《清泉故事》

一九八五年夏天，三毛看著橋下連綿的流水，稱之為「一條無返之河」，從此告別丁神父、告別清泉，餘生未再到訪。

清泉天主教堂

一九五五年，西班牙籍的耶穌會士孫國棟神父，在溪流邊建立了清泉部落的第一座天主教堂，惜於數年後被葛樂禮颱風所沖垮。重建之際，為免再受風災所襲，便移址於不遠處的山頭之上。一九七六年，丁松青神父受耶穌會派遣，來到清泉傳教。他耗費了六年光陰，「重新粉刷過牆壁和天花板，安裝水管，修理木器，把大部分的灰牆繪上壁畫」，並以泰雅族人及聖經故事作為畫作的主題，將昔日黯淡無色的教堂內外，粉飾得色彩繽紛，「充滿了山地風味」。迄今，丁

▲「清泉天使」雕塑，為紀念丁神父之母「丁莉莉」而立。（留婷婷攝）

▲ 教堂外貌。（留婷婷攝）

▲ 清泉天主教堂，內部彩繪及裝飾。（留婷婷攝）

神父依舊長居在天主堂中服務，每當望彌撒時，都總會看見他進進出出的繁忙身影。

教堂近處的另一座藍白建築，是提供旅人投宿的「清泉山莊」，隸屬於天主堂名下。興建的初衷，與三毛在一九八四年將夢屋開放給大眾的用意相仿，都旨在讓更多人能夠暫居於此，享受山間的靜謐與美好，從而獲得了解地方文化及幫助泰雅族民的契機。因為「用出自內心的愛去愛山胞美麗的心靈」，這對於三毛和丁神父來說，從來就如同呼吸一般自然——「這是我們當做的，不是慈善」。而在颱風災情頻傳、在地原民文化傳承不易，以及山區人口老化現象嚴重的如今，這份無私的關懷，更需要被流傳下去。

Course 3

印象西湖——吳濁流的文學之路

◀▲西湖國小校門與牆外一景。（何欣怡攝）

採訪、撰稿：何欣怡

- 西湖國小（四湖公學校）
- 宣王宮（雲梯書院）
- 年盛鐵店

出生於世紀之交、偏僻之地的吳濁流，曾以「既不逢辰，又不適地」來形容自己。原本因為論文過激而被貶至西湖，但在西湖生活期間，吳濁流除了與妻子閒適的田居生活，以及兩人知交邱蘭妹閒暇結伴出遊的幸福時光之外，他也透過文學找到自己和這片山林村落的連繫，並就此開展了他的創作之路。也因此，我們不但能發現他在漢詩與小說當中，生動地捕捉了西湖的人文風貌與自然景致，也可以體會到西湖作為吳濁流寫作的起點，在離開西湖之後，他仍將其西湖經驗融入創作的原因，小說中許多的場景都以西湖的

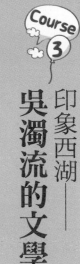

景物，或說他青春時代的點滴經驗為雛形。漫步西湖、重返文學現場，吳濁流的文學世界就在眼前，隨著西湖的漫漫山路與景色鋪展開來。

西湖國小（四湖公學校）

參觀過藝文館，不妨再往前多走些路，前往吳濁流於一九二二年被調任的四湖公學校，即現今之西湖國小一看。他在短篇小說〈陳大人〉曾提到莿桐樹之美，即是發想於西湖國小所種植的莿桐樹，小說寫到：

> 街頭有棵莿桐樹，這棵莿桐樹有十數丈高，到了春天，花開滿樹，把春景點綴得美麗無邊，增加街道的美觀，可是一到秋天，大家就傷腦筋，秋風一來，莿桐樹的落葉，隨風飄舞，紛紛墜落。秋高氣爽，落葉紛飛，本是最富詩意的，可是，全街的居民反因此睹景生愁。

雖然現今西湖國小內的兩株百年莿桐樹因遭蟲蛀蝕已經枯萎，但吳濁流的文字，卻記錄下當

▲宣王宮現貌。（何欣怡攝）

年美麗的點點滴滴。

宣王宮（雲梯書院）

吳濁流的長篇小說《亞細亞的孤兒》依照歷史的發展來述寫臺灣知識分子的胡太明的一生。小說描述生長在日治時期的知識分子胡太明受到殖民者的欺壓，赴日本留學返鄉後，又受到鄰里鄉親的嘲諷。為了尋找認同而遠赴中國大陸，但卻又不被中國人所接受，最後在無助與彷徨無依之下，以瘋狂的狀態終結一生。

小說第一篇〈苦楝花開的時節〉描述主人翁胡太明在爺爺的帶領之下，首度參訪教授漢學的「雲梯書院」，小說寫到：

> 二人下了古松蓊鬱的山坡，走到面臨榕樹廣場的雲梯書院前面。書院位於距榕樹不遠的一座廟宇對面，利用廟宇的一棟房屋作教室，小小的書院裡也有三、四十個學生。教室裡琅琅的書聲和學生們的嬉笑聲混成一片，一直傳到戶外。

▲ 百年打鐵店招牌。（何欣怡攝）

文中所提到教授漢學的「雲梯書院」，其實就位於今天西湖鄉四湖村，亦即今日所見「宣王宮」的前身。雲梯書院最初為西湖劉家所創，一八二九年（清道光九年）時，在四湖莊伯公背（今瑞湖國小校址）創辦私塾，一八四〇年（清道光二十年）擴建，主祀孔子合祀五文昌，乃成「雲梯書院」，一九七六年改建並易名「宣王宮」。讀過《亞細亞的孤兒》之後，或許可前往一見故事中爺爺曾領著胡太明前往拜訪，而後讓其短暫就讀過的「雲梯書院」，遙想小說寫就當時「大樹不沾新雨露，雲梯仍守舊家風」的現場景況。

年盛鐵店

吳濁流的短篇小說〈陳大人〉描寫日治時期的臺灣籍巡查補陳英慶，助紂為虐、賣族幫兇的惡劣事跡，影射日治時期警官對於百姓的欺壓。文中對於庶民的日常生活多所著墨。小說寫到：

> 街上最早的人，在夏天就是打鐵店，冬天是賣杏仁茶及賣豆腐的。打鐵店的人怕白晝太熱，在爐火前面內外煎熬。越早收拾

▲ 傳承四代的老打鐵店，仍可見傳統打鐵窯爐鎮店。（何欣怡攝）

越好，所以四五點鐘就起來做活，打到晌午熱來就可以休息。

文中所述及的打鐵店，正是三湖村店仔街的「打鐵店」。在早期農業社會時代，農具的需求量大，而這些農具都仰賴打鐵店生產製造，因此打鐵店在庶民生活中扮演了相當重要的角色。西湖鄉在打鐵業的全盛時期，共有七家打鐵店，而三湖村的街上就有五家。目前尚存的年盛鐵店，仍在西湖鄉三湖村店仔街，打鐵技術傳承四代，已有約一百二十多年的歷史。

儘管如今時隔已遠，作家筆下的文學地景早已隨著時間更迭而多有改變，但在吳濁流的小說與漢詩創作中，我們仍不難發現苗栗西湖的風土人情與人文風貌，在吳濁流文學青春綻放之時，一一鎔鑄於他獨特的文學內裡，成為讀者追索其生命與時代經驗的重要符號。循著吳濁流的腳步漫步西湖，「按文索驥」懷想他筆下的一景一物，相信對於他的創作，將有一番更深的體悟。

Course 4

跟著賴和，漫步彰化城

▲ 賴和筆下的開基祖廟，在戰後才移到今日的位址。（何敬堯攝）

採訪、撰稿：何敬堯

- 北門外：開基祖廟
- 東門：警察署、元清觀、孔廟
- 城中：開化寺
- 西門：小西街、紅葉食趣、高賓閣

賴和紀念館位於彰化古城的北門外，雖然日治時期因市街改正而拆除古城門，但若依照彰化古城的四個城門方位，順時針前進作為行旅路線，則能一窺彰化古往今來的風光。

北門外：開基祖廟

從賴和紀念館出發，開基祖廟即在鄰近。祖廟位居市場，是貼近民眾的市井之地，在賴和的小說〈歸家〉則寫入當時的庶民生活，一方面感嘆知識分子在殖民統治下的艱困，一方面也描述了底層平民生活的不易，小說中的主角與攤販聊天

▲ 賴和曾經入獄的彰化警局，仍保有當年的圓弧形拘留所樣貌。（何敬堯攝）

之地，即是祖廟口。

是回家後十數日了，剛好那賣圓仔湯的和賣麥芽膏的，同時把擔子息在祖廟口，我也正在那邊看牆壁上的廣告，他兩人因為沒買賣，也就閒談起來。講起生理的微末難做，同時也吐一些被拿去罰金的不平。

——〈歸家〉

東門：警察署、元清觀、孔廟

往東門舊址前行，則會先經過警察署。賴和共入獄兩次，第一次是一九二三年，移送臺北監獄，被監禁二十四天，而這一棟從日治時期保留至今的彰化警察署，即是賴和在第二次「治警事件」中入獄的地方。

一九三六年完工的警察署，現為縣定古蹟，具有現代主義建築風格，後方獨棟的圓弧形建築物，則是拘留所，入口設有監控室。在拘留所中被禁四十多天，環境艱困，賴和仍然就地取材，以草紙寫下當時心境。

▲ 祭拜玉皇大帝的元清觀曾是文化運動場所。（何敬堯攝）

在無聊中，每只作希望，雖可小慰一時，及至希望破碎時，其悲更甚。在此裡頭使我不敢想起什麼，但是墻外便是人家，常有家人歡笑聲，能刺我的愁腸。

——〈獄中日記〉第五日

信步前行，則可抵達元清觀，這是當年「臺灣文化協會」推廣文化運動、讀報的重要場域，每個禮拜定期舉辦演講活動，鼓吹民族意識、時代進步思想。而俗稱「天公壇」的元清觀則是建立於清乾隆二十八年（一七六三年），主祀玉皇大帝，現為國定古蹟。賴和曾在小說中描寫了竹林事件發生後，文化協會舉辦演講的盛況，讀者或可由這段描述，想像元清觀內當時也進行著宣講的熱烈氣氛：

他這晚立在講台上，靜肅的議場，只看見萬頭仰向……他心裏燃起火一樣的同情，想盡他舌的能力，講些他們所要聽的話，使各個人得些眼前的慰安，留著未來的希望，抱著歡喜的心情，給他們做歸遺家人的贈品。

▲ 孔廟的大成殿風景。（何敬堯攝）

——〈阿四〉

位於東城門區域的孔廟，更是值得流連。孔廟建立於清雍正四年（一七二六年），包含大成殿、東西二廡、明倫堂、崇聖祠。孔廟的使命即為「建學立詩，以彰雅化」，成為了中部文教發展的重要樞紐。

一八九七年日人將孔廟改為「國語傳習所」，隔年改制「彰化公學校」，而賴和便在孔廟接受了六年的新式教育，但賴和日後帶領小孩上學，也反省了何謂「教育」的真諦：

> 六個年間受過學校教育的薰陶，到現在沒有一些影響留在我的腦中，所謂教育的恩惠，那是什麼？是不是一等國民的誇耀就胚胎在學校裏？絕對服從的品性是受自教育？
>
> ——〈無聊的回憶〉

孔廟除了作為教育場所，但更多的意義則是歷史文化的傳承，建廟幾百年以來，儼然成為了

▲開元寺大門前。（何敬堯攝）

▲孔廟內仍留有百年銅鐘。（何敬堯攝）

彰化歷史的見證，賴和也在文章中回顧了孔廟所乘載的記憶。

講到聖廟，就不能不把「雷起大成殿、鬼哭明倫堂」的天異，一併提出來講。當時的社會可以講是被鬼神統治著……明倫堂曾充做刑務所，在這所在有六百九十三人，被送上絞台，看到這慘劇，以前聽到鬼哭，死未了的故老，觸動靈機，便得到可以解說鬼哭的理由，他們是相信輪迴，是認神鬼，以前哭泣的鬼，是今日死去的人。

——〈我們地方的故事〉

城中：開化寺

開化寺，又名觀音亭，建於清雍正二年（一七二四年），在日治時期是庶民聚集討論時事的重要場所，在賴和的小說中提及了當年情景。

觀音亭，恰在市街的中心，觀音亭口又是這縣城第一鬧熱的所在……大殿頂又被相

▲紅葉大旅社。（何敬堯攝）

▲小西街有名的綠豆芋頭湯。（何敬堯攝）

命先生的棹仔把兩邊占據去，而且觀音佛祖又是萬家信奉的神，所以不論年節，是長年鬧熱的地方。

——〈善訟的人的故事〉

西門：小西街、紅葉食趣、高賓閣

鄰近舊城的西門一帶，有一條熱鬧的小街，自清代開始即被稱為「小西街」。小西街原有「布店街」的美名，如今成為在地小吃的聚集地，穿梭於小巷之間，聞香而來，也許能有意外的收穫喔！而「紅葉食趣」則是老屋活化的創意空間，入口還可見「紅葉大旅社」的招牌，是彰化在地營業最久的旅社，與八卦山大佛同於一九六一年落成。目前空間除了保留原本的旅社樣貌外，轉型提供咖啡輕食，也展示了傳統童玩藝術，呈現了小西街嫻靜而美好的日常風景。

而在舊城的西門周邊，日治時期的西門町區域，還有一處值得前往參訪的古蹟，那就是日本時代彰化重要的聚會場所，中臺灣最大的一間酒樓——「高賓閣」。高賓閣作為娛樂、飲食與情

◀2014年10月18日，由賴和文教基金會、半線新生會、喚醒彰化青年聯盟與在地居民發起「青年改變彰化」行動，於高賓閣樓前呼籲對彰化古蹟的重視、活化與再利用。（賴和文教基金會提供）

慾的風月場所，不但見證臺灣在現代化過程中的各種變化，就文學歷史與社會運動而言，這裡也是賴和、杜聰明等新式知識分子曾經活動過的文化地景。

高賓閣在國民政府來臺後，由臺鐵收購作為鐵路診所，而後擴大為鐵路醫院，成為許多臺鐵員工與彰化在地人重要的醫療據點。一九八四年醫院停業後，曾轉租給民間業者開設婚紗攝影店，業者退租後一度有拆除改為停車場之議，所幸在小西文化協會、賴和文教基金會等民間團體搶救下，彰化縣府終於在二〇一一年公告認定為古蹟而獲保留。

在這幢建物背後，不但有飲食娛樂、醫療、鐵道、建築等豐富而多層次的文化記憶與歷史意義，也是難能可貴的文化現場。駐足於此，不妨想像一下當時一群關心社會的知識分子在此有約，賴和仙望著燈火通明的高賓閣，想起聚會時間在即，提步快走的身影……

Course 5

葉石濤的府城記憶

採訪、撰稿：蘇宇翎

葉石濤文學紀念館與臺南市政府文化局所舉辦的「文學地景踏查」，是紀念館非常熱門的活動。若是要安排臺南文學之旅，不妨先留意文學地景踏查舉行的時間並提早報名。倘若能在活動前先讀過相關文本，再隨著導覽老師的腳步與說明一一走讀過，觀察葉石濤作品中的地景隨著歷史時間的變或不變，我們將會發現文學穿越時空的引力，如何重新讓人與土地、歷史產生新時代的關聯。或也可按著《葉石濤文學地景踏查手冊》自行走訪，無論是踏查之前或尋訪之後入館參觀，相信都會有不同的感受與收穫。

不過根據統計，葉石濤在歷來作品中曾述及的臺南地景至少就有一百二十多個景點。所以，除了參加文學地景踏查活動以外，依據旅程長短進行一場主題式的踏查，或許也是另一種選擇。

歷史見證：大正公園及臺南州廳

在葉石濤的創作中，經常出現「大正公園」及「臺南州廳」這兩個地方，像是〈齋堂傳奇〉、〈牽曲〉、〈頭社夜祭〉、〈回家〉等作品都有提過。大正公園其實就是「湯德章紀念公園」，於一九九八年時為紀念於二二八事件中犧牲的湯德章律師而改名，並樹立半身銅像。在作品〈夜襲〉當中，葉石濤藉著故事主角簡阿淘的視角，描繪當初湯德章被槍決的情形：

> 但是簡阿淘卻在府城的大正公園親眼看見

▶「湯德章紀念公園」前身即是日治時期的「大正公園」，園中矗立著湯德章律師半身銅像。（國立臺灣文學館提供）

◀臺南州廳為今國立臺灣文學館。（蘇宇翎攝）

身體魁梧的律師湯德章被槍決，他留下來的血跡在大正公園的水泥地上，用水沖了也沖不走。

簡短數語，卻真實呈現了戰後臺灣複雜的歷史情境，以及當時臺灣知識分子的受難經驗，作家透過文學性的描述，將這段歷史永銘於作品當下與未來的時空之中。或如〈回家〉對於「臺南州廳」的人事描述：

你剛才也聽到了一些。阿金婆來給你提親，對方是嶺後街開雜貨鋪吳家的老二榮明，他是州立臺南二中畢業的，現時在臺南州廳任職。

臺南州廳當時不但是政治權力的實質象徵，對府城人而言，任職於州廳多少也是一種不同於一般身分與社會地位的明示。而如今這幢建物已搖身一變成為國立臺灣文學館，歷史的變遷頗值得玩味。

▶ 嶺後街今民生路一段一五七巷二十五號附近為葉石濤故居，圖為文學地景導覽實況。（蘇宇翊攝）

◀ 打銀街是葉石濤出生地，日治時期稱為白金町，為今忠義路、民權路口至忠義路一七二號間處。（蘇宇翊攝）

故鄉記事：嶺後街的點點滴滴

葉石濤在府城曾有三個住所，其中嶺後街是他戰後所居住的地方，而他又稱此地為蝸牛巷，大概是因為巷子彎彎曲曲而得名，他對嶺後街的描述，不只是在小說〈往事如煙〉中，還常出現在他個人雜記裡，帶著濃烈的思念之情：

> 從「石鐘臼」繞過圓環，以前的「寶美樓」搖身一變為Pizza店，乏趣之極。漫步走到延平戲院，從巷道拐進去就來到我底舊居。這一帶叫做嶺後街，是地勢較高的地方。我底舊居木門深鎖，看不到現時何等樣的人居住。

五星食記：石鐘臼的美味記憶

說到臺南，絕對不能錯過的是道地的美味小吃。對於葉石濤來說，自打從他有記憶以來，府城的石鐘臼就是他尋覓美食之處。小說〈從舊城到府城〉、〈脫走兵〉、〈紅鞋子〉及〈巧克力與玫瑰花〉中，都提及他到此享用米糕、魚丸湯、炒鱔魚，大快朵頤的記憶：

▲ 今民族路赤崁樓旁，仍有眾多美味小吃。（蘇宇翎攝）

> 終於到了府城臺南。首先要去的地方是「石鐘臼」，我底青春時代吃點心必到這個地方。吃了一碗幾十年來我吃慣的米糕和四神湯共花了五十五元並不便宜。
>
> 我決心在「米街」邊的點心攤聚落「石鐘臼」，吃一碗府城頂有名的米糕了。那米糕香噴噴的肉燥，鬆而香的魚鬆落進肚子裡的時候，我顧不得失儀，吁了一口長長滿足的嘆息。其實只一碗是解決不了我的饑餓感的。起碼我可以吃得下十多碗，另加幾碗魚丸湯。

足見在葉石濤記憶深處，美味的小吃實在與他的生活緊緊相依。而這或許也是臺南人最引以為傲的府城生活的樂趣吧。

下次到訪葉石濤文學紀念館，不妨留意府城的巷弄之間，或許有著在地囝仔葉石濤愉快無愁的青春歲月、在地作家葉石濤文思泉湧的佳作連篇，以及他終其一生論述臺灣主體性，在府城的文化底蘊中綻放的土地的花朵。

Course 6

當文學與歷史也成結晶——車遊鹽分地帶

採訪、撰稿：鄭婷允

▲ 飛番墓旁的沿革說明碑。（鄭婷允攝）

北頭洋平埔族文化村、飛番墓
新生醫院、中山公園
井仔腳瓦盤鹽田
東宮廟、嘉應廟

北頭洋平埔族文化村、飛番墓

駕車自漚汪香雨書院往佳里方向南行，約五分鐘路程可到達「北頭洋平埔族文化村」。這是鹽分地帶最原始社群——西拉雅族蕭壠社的母土聖地，而今尚存燦爛遺跡。蕭壠社乃是西拉雅族四大社之一，以「阿立祖」為信仰，但諸多文化習慣由於漢化而依附於漢人社群之中。自覺為

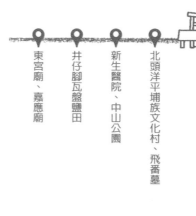

▲飛番墓一景。（鄭婷允攝）

平埔族後裔的作家羊子喬，累積諸多原住民的軼事與心事，錄為《西拉雅．北頭洋部落紀事》一書。閒談的散文與吶喊的詩歌，雙雙交織成神秘的北頭洋身世，昔時族裡健步如飛的勇士名程天與，曾在清國乾隆皇帝面前與駿馬競賽，有著辮髮繫百餘銅錢與地平線平行，飛越駿馬之前的傳說，子孫引以為榮，刻「父子面君三次」（指父與子可朝覲天子三次）於碑上。相反地，家中果園緊鄰墓地的羊子喬，卻懷著深沉且強烈的哀傷寫下〈飛番墓〉：

當平埔族被逐
當背後的番刀不見
你就悲壯地裹著一抹斜陽
任星移物換，隨其改朝換代
你便默默地站成一座墓碑

程天與的奔跑，反成為平埔族受驅逐的苦難象徵，墓碑則定義了同化歷史現場。

▲ 中山公園內吳新榮紀念雕像，鄰近佳里區圖書館。（鄭婷允攝）

新生醫院、中山公園

再把時間推進到日治時期，距香雨書院十分鐘車程，正式抵達鬧熱的佳里市內。直線切入略呈環狀的佳里中心，即為新生醫院。新生醫院舊名佳里醫院，為熱衷文學活動的知識分子——吳新榮家族創辦經營，目前仍繼續提供大臺南區的醫療服務。雖有如此意義，但醫院並不好逛，所以不如到附近的中山公園稍作休息，每年百花祭這裡天朗氣清，公園內有吳新榮青銅雕像長坐於此，表情舒坦、手持書籍，邀請大家共讀合影。吳新榮的日記裡頭，充滿一代文青們吃喝娛樂讀書觀影紀錄，那徐徐的生活氣息釀造出濟世救人的醫者心，這醫者心毋寧推動了半部的臺灣文學史。吳新榮在他的〈瑣琅山房隨筆〉曾針對自家的匾額，抒發醫者心境：

> 有醫德的人時常對功利是不關心的，所以「功同良相」四字不如「良醫良相」的好。我也喜歡這四個字，雖然四字中充滿著政治氣味，但醫家也難免脫離匹夫之責，而

▲井仔腳鹽田一景。（梁瑞蓮攝）

且我們所尊敬的　國父也是醫家出身的，
菲律賓的建國者也是醫家出身的。

可看出他將國家社會的興衰視為己任的胸襟。從賴和、吳新榮、周金波、王昶雄，到當代的鄭烱明、王浩威、陳克華以及侯文詠，這些醫生作家對現實的深刻反省，不時替島嶼醫治著各形各色的絕症病痛。

井仔腳瓦盤鹽田

為了探尋鹽分作家最根源的文學因緣，感受鹽鄉的愛恨情愁，請轉動方向盤，往北駛離香雨書院十五分鐘。現在這裡最夯的是夕照美景，事實上它也是臺灣現存最古老的鹽田。昔日西南沿海一路延伸到七股，都從事永無止盡的曬鹽、挑鹽、收結晶鹽的勞力工作。蔡素芬的《鹽田兒女》描繪過這樣一大片鹽田：

無垠的鹽田，每一方田都浮著白色結晶鹽，
散散一大片，白鷺鷥偶爾飛來，昂首停在田
中，大方幫明月擔鹽，嘴裡不停哼著這首

歌，明月聽來原是悲傷，但聽他哼曲輕快，悲傷的意味也就淡了，原來生離死別可以這樣輕易對付。

在這片鹽田，無數兒女與摯愛相逢相知，也葬送許多淚水與青春。現在傳統鹽業勞動正無料提供體驗，身體可實際操演鹽田兒女情懷，重拾和自然的關連。踩著踩著，或許還能聽見腳下的鹽發出呼喊：

我們一直孳生也一直滅亡
在鹽分地帶
我們雖然粗糙，雖然卑微
但我們堅持
是一群永恆的自由顆粒

替鹽發聲的作家林佛兒寫下〈鹽分地帶〉一詩，他目前離鄉經營出版業，喜歡言情和推理的朋友應可在他旗下的林白出版社找到不少適合的讀物，而林佛兒被稱為「臺灣推理第一人」，小說地景總是飛騰各國，蹤跡遍布日、韓、香港或馬來西亞，而他是從臺灣，從這片鹽田出發的。

東宮廟、嘉應廟

也許已經太遠了，離香雨書院三十分鐘，但仍值得隨蕭麗紅來到這裡。以八掌溪相隔，《千江有水千江月》的布袋充滿鄉土民俗、節慶風味，也帶著謅語、詩詞、戲曲的古典氣息。漁港和觀光魚市附近巷弄——「兩人抄著小路走，經過後寮裡的廟前，只見兩邊空地上，正搭著戲棚演對臺戲。大信問道：『這廟內供的是誰啊？』貞觀笑指著門前對聯，說是『你唸唸就知！』」這處正是供奉三太子哪吒的東宮廟，卻在蕭麗紅筆下承載款款多情，兩人似有若無的情愫蕩漾於同時演繹兩種迥異劇碼的廟埕。《千江有水千江月》也塑造了貞觀的三舅，一個「手舉千斤，肩挑重擔，同時又能吟詩作對的全才」，新塭嘉應廟署名蔡中村的對聯，正是蕭麗紅三舅的本名。在文言文與白話文、臺灣文學與中國文學的纏繞中，蕭麗紅的文學語言與情節的虛實辯證，顯得饒富興味。

Course 7

踏尋原鄉人的夢中原鄉——鍾理和文學之旅

▲照片左方低矮的圓渾小山為笠山，右方為飛山。（王欣瑜攝）

採訪、撰稿：王欣瑜

笠山

笠山位於鍾理和紀念館後方，當地人將附近的笠山、尖山和大雄山統稱為「尖山」。鍾理和十八歲時，父親鍾鎮榮自屏東高樹來此開墾，鍾理和也來到此地幫忙家裡的農場事業，認識了女工鍾台妹（文學作品中的平妹），兩人因為同姓的關係，婚事受到家裡反對，後來鍾理和帶著台妹奔赴中國，生下長子鍾鐵民，終戰後一家人返臺，便定居於此。

> 那時的山地並不受到人們普遍的重視。在一般人的心目中，它只是採樵、打獵和好事家遊玩的地方，除此之外就不知道有別種用途了。講到用山面來種東西，那不但是人們連做夢也沒有想到，就是想到了也

▲二〇一〇年完成的平妹橋。（王欣瑜攝）

會給人當笑話講的。

然而現在笠山農場所要種的既不是樹，也不是稻子番薯，而是咖啡！

——《笠山農場》第三章

磨刀河

來到鍾理和紀念館，得經過一座小橋才能抵達，小橋下的溪流就是《笠山農場》中的磨刀河，當地人稱之為水底坪溪，是灌溉美濃的上游水源之一。小橋經過多次整建，八八風災後原橋毀損嚴重，二〇一〇年改建後命名為平妹橋。橋兩旁設有十面手印落款陶板，都是曾大力推動館舍興建的文化人所留下的；下方設有六塊作家描繪美濃和笠山的文學插圖，則出自鍾理和孫女鍾舜文之手。

沿著磨刀河的右岸，長著一排蒼翠的茄苳樹。樹大可及抱；樹枝伸的遠，生的密，濃蔭遮過河左岸，有一株更大的是生在河中央，它那粗壯而堅強的樹根，像人的手

▲從平妹橋上望見磨刀河。（王欣瑜攝）

指緊緊地抓住岩石。石下有潭。因茄苳樹而分成兩股的河水，自石腳下注於潭，又復合而為一。水聲叮咚，恍似擊鼓，清越悅耳。岩石間長著一綹一綹的青草，纖細柔軟有如女人的頭髮。它濺著水花，濕漉漉地發著綠色的柔光，彷彿在為自己生命的高潔而歡欣鼓舞。

——《笠山農場》第八章

埤頭（李保埤）

磨刀河再往上游走，有座攔水埤叫李保埤，傳說是由李保在清治時期，領九芎林（現廣林）庄民所開鑿，做為笠山附近農田灌溉的公圳，到了日治時期，又在李保埤水圳的上下游各一百公尺處，另建「上埤」、「下埤」兩埤塘，鍾家常利用其中的上埤來灌溉山田。李保埤旁，早年有許多老茄苳、大葉榕圍繞，笠山農場的女工會聚集在此稍事歇息，鍾理和和鍾鐵民父子，也常常到此沉澱心情，尋找創作靈感。

▲ 2010年黃蝶祭主題為「生機再現」，祭典舞臺就設在母樹林內。（鍾舜文攝）

▶ 朝元寺現今外觀。（王欣瑜攝）

朝元寺

《笠山農場》中的飛山寺即是朝元寺，過去是座古樸小廟，現已改建成現代廟宇樣貌。原本廟旁的法師公壇，是〈山火〉和〈賞月〉中居民所祭拜的神祇，為了祭拜方便，業已移至廣林與善堂、媽祖廟，合祀建成為廣林聖化宮。

> 轉過笠山的東面，他們看見和笠山隔了條河的對面山半腹邊有一所山寺，畫棟雕簷，非常瀟灑雄壯。後面的山峰，峭壁屹立，狀似魚鰭，和笠山隔河對峙。
>
> 「那是飛山寺，」劉阿五說，「也有人管它叫笠山寺。後面那座山就是飛山。」
>
> ——《笠山農場》第九章

黃蝶翠谷與母樹林

日治時期，為了造林需求，日人曾在雙溪種植大量熱帶林木，形成樹種多樣的實驗林園，現稱為「雙溪熱帶母樹林」。美濃早期菸業興盛，

▲理和小徑中段。（王欣瑜攝）

▲理和小徑上的大埤頭伯公。（王欣瑜攝）

用來蓋菸樓的柚木特別搶手，有些在地居民甘冒風險，會在黃蝶翠谷的船頭石到出火坪一帶，盜伐園林木頭貼補家用，鍾理和的妻子鍾台妹也是其中之一，〈貧賤夫妻〉裡描繪了當時躲避查緝的驚險情況。

母樹林所在的黃蝶翠谷曾被劃為水庫預定地，被眾志成城的美濃居民擋下。由於林中鐵刀木是黃蝶幼蟲食草，每年夏天孕育許多黃蝶，後因生態破壞大量減少，反水庫運動時期，居民開始舉辦向黃蝶懺悔的生態型祭典「美濃黃蝶祭」，並一直延續至今；其中，以客家三獻禮祭祀大自然的重頭戲，就是在母樹林內舉行，而黃蝶祭文則是由鍾鐵民所創作。

理和小徑

理和小徑是鍾理和的父親為了墾殖農場，所推動開拓的產業道路，鍾理和定居美濃以後，也常走這條小路到竹頭背。當時道路和橋樑尚未整備，若不走理和小徑，就必須穿過水底坪溪和雙溪，鍾理和過世時適逢雨季，抬棺者即是涉水而過。

▲ 這片農田過去是滿佈石頭的河床地，〈挖石頭的老人〉場景即在此。（王欣瑜攝）

美濃是全臺灣伯公（土地公）密度最高的小鎮，光理和小徑上就有四座伯公，其中，在青窖伯公處可遠眺笠山，規模最大的「大埤頭伯公」則是鍾理和和鍾鐵民的中途休息站。走到理和小徑末端，過去曾是一大片雙溪沖積而成的沙埔地，是靠農民慢慢清除石頭，整理成可供耕作的田地，這段過程為鍾理和截取片段，寫成了〈挖石頭的老人〉：

> 這裡本來是河道，遍地石頭和焦黃的鐵線草。車輛到這裡，異常難走，加之水圳橫截路面，架在圳面上的粗大石塊凌空突起，騎車者都得下車來走一段路。
>
> 自我通勤日起，即見這位老人在路邊這塊荒地上挖石頭。我走一月，他挖一月，我走一年，他挖一年，禮拜天或節日我不走了，他卻依舊挖著。他的工具很簡單：一隻短短的尖嘴石挖，一隻畚箕，他頭戴破笠手執石挖，蹲著身子不慌不忙專心一致的挖。

▲竹頭背的三山國王廟。（王欣瑜攝）

竹頭背

竹頭背即是現在的美濃廣興里，日治時期名為竹頭角，鍾理和將它稱作「竹頭庄」，此處是〈薄芒〉和〈竹頭庄〉的舞臺。〈薄芒〉裡的主人公，經常到此地的圓環大榕樹下歇息；〈竹頭庄〉中描述，鍾理和回鄉時，就是搭糖廠五分車來到最後一站的「竹頭庄」。竹頭背的三山國王廟和善化堂，也被鍾理和搬進作品中，記錄了當地的地方信仰。

竹頭背土地乾旱，早期大多種植蕃薯，故有「有妹莫嫁竹頭背，不是刷蕃薯就是砧豬菜」的有趣諺語。鍾台妹的娘家、美濃地區唯一一位進士的家族伙房，也都在這個村落裡。

鍾理和故居

鍾理和生於屏東高樹的客庄廣興村（舊稱新大路關），故居裡留有他十八歲以前的生活足跡。故居由鍾理和父親鍾鎮榮於一九一〇年興建，為傳統的客家伙房建築，伙房左橫屋與外橫屋之間有座門樓，必須有出過秀才以上的家族才能設

▲ 鍾理和故居門樓。（王欣瑜攝）

▲ 曾出現在小說〈雨〉裡的善化堂。（王欣瑜攝）

▲ 鍾台妹娘家。（邱明萱攝）

置。穿過門樓，右方第一間是鍾理和原住民奶奶的住處，她的故事被寫成〈假黎婆〉；右方第三間則是鍾理和出生的房間。

鍾理和有位同父異母的弟弟鍾和鳴（鍾浩東），鍾理和會走上文學之路，就是受到他的影響。鍾和鳴的妻子是蔣渭水之女蔣碧玉，他三十一歲就擔任基隆中學校長，延攬多位六堆客家教師如李南鋒、邱連球、藍明谷入校，然而一九四九年基隆中學光明報事件爆發，這些人都受到白色恐怖牽連，鍾和鳴則在一九五〇年遭到國民政府槍決。他出生的房間，位在故居正堂左方。

故居經過百年風吹雨打，一度頹壞，但因家族出過兩位能人，地方政府幾次有意修復，卻因非歷史建築和古蹟，文化局無法直接介入，只能做些導引牌、草皮維護的簡單工事。該案轉手客務處之後，又因無法得到所有族人同意改建而延宕，後來經族人幾番努力，才成功簽下所有同意書。二〇一〇年客務處向中央客委會遞交計畫書，也曾一度受到阻撓，所幸後來仍獲得千萬補助，得以順利修復。而鍾理和後代遷居美濃以後，雖放棄屏東高樹故居的繼承權，卻也在過程

▲ 鍾理和故居正身左前方有一水窖。（王欣瑜攝）

▲ 右一為鍾理和原住民奶奶「假黎婆」的房間，左一為鍾理和出生處。（劉津君攝）

▲ 鍾理和故居附近的仙人井。（劉津君攝）

中盡了不少力量。

二〇一一年十月，鍾理和故居重新對外開放，開啟五年的政府委外經營期，目前由六堆文化傳播社進駐，不定期舉辦研討會、文學獎、藝術家活化、社區活動等等。

水窖與水井

故居正身左方有一水窖，大路關早期取水不便，輪到五天一次的水期時，鍾家會取水貯存在此，以備五日之用。故居附近還有一座老水井，據說是由一位「黃仙人」所鑿，故又稱仙人井，井深十公尺，用來提供附近人家的飲用水：

原來我們的村子又輪到了水期，水期每五日一次，村人必須在當日挑足以後五日間的飲用水。因此每到水期，全村有如臨陣，只要能夠肩挑的，就不論男女老幼，甚至黃毛丫頭也都出動了。匯合了人聲、水聲、腳步聲、水桶聲的巨大聲浪響徹了大街和小巷。那風景是又奇特、又緊張、又熱鬧，蔚然壯觀，在別處是很難得見的。

館舍分布

01 林語堂故居（P.22）
臺北市士林區仰德大道二段 141 號
02-28613003

02 梁實秋故居（P.30）
臺北市大安區雲和街 11 號
02-23634598

03 紀州庵文學森林（P.38）
臺北市中正區同安街 107 號
02-23687577

04 國立臺灣文學館齊東詩舍（P.46）
臺北市中正區濟南路二段 25、27 號
02- 23279657

05 宜蘭文學館（P.52）
宜蘭市舊城南路縣府二巷 19 號
03-9324349

06 李榮春文學館（P.60）
宜蘭縣頭城鎮開蘭舊路 4 號
03-9773126

07 桃園市客家文化館・鍾肇政文學館（P.66）
- 桃園市龍潭區中正路三林段 500 號
- 03-4096682

08 三毛夢屋（P.74）
- 新竹縣五峰鄉桃山村 16 鄰清泉 262 號
- 0978-789-293（徐秀容女士）

09 吳濁流藝文館（P.82）
- 苗栗縣西湖鄉五湖村 13 鄰 194 之 4 號 2 樓
- 037-911286

A 吳濁流故居（P.82）
- 新竹縣新埔鎮巨埔里 5 鄰大茅埔 10 號

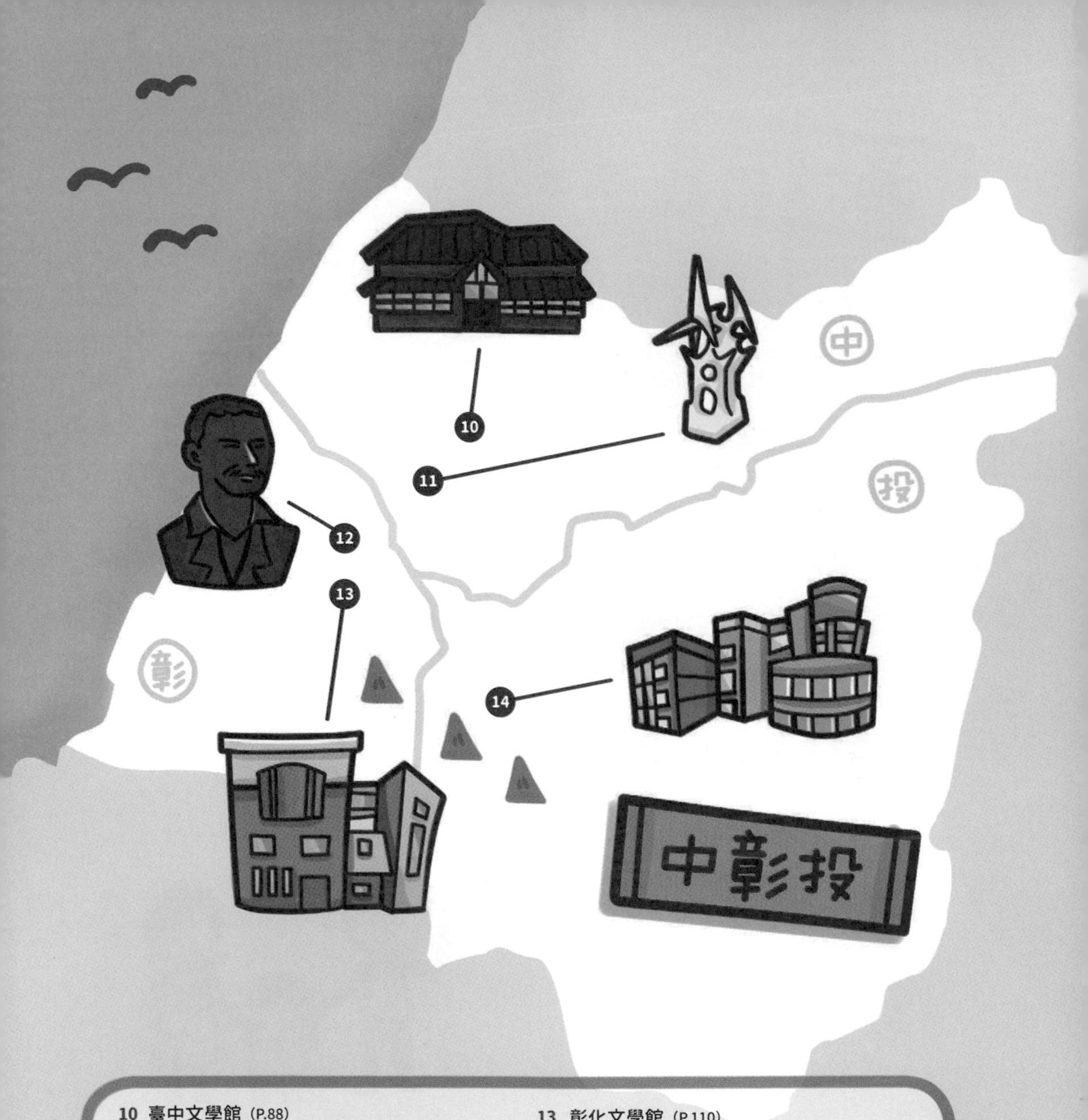

10 臺中文學館 (P.88)

臺中市西區樂群街 48 號

11 明道中學現代文學館 (P.96)

臺中市烏日區中山路一段 497 號
04-23341391

12 賴和紀念館 (P.103)

彰化市中正路一段 242 號 4 樓
04-7241664

13 彰化文學館 (P.110)

彰化市卦山路 4 號
04-7202073

14 南投縣文學資料館．陳千武文庫 (P.120)

南投縣南投市中興路 669 號
049-2221619 #403

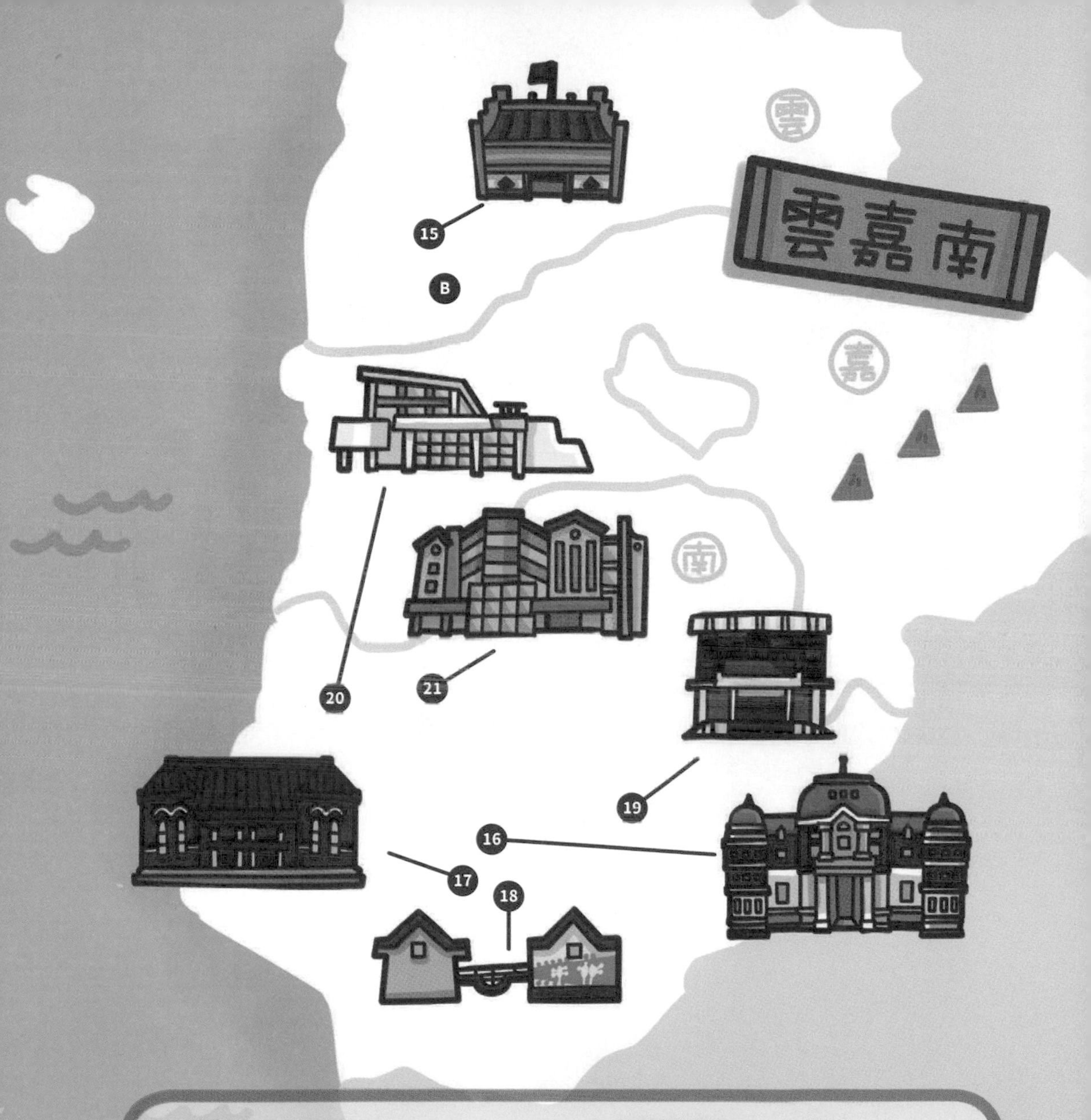

15 鄭豐喜紀念圖書館（P.130）
🏠 雲林縣口湖鄉中正路一段 43 號
📞 05-7894134

B 鄭豐喜故居（P.136）
🏠 雲林縣口湖鄉後厝村 67 號

16 國立臺灣文學館（P.138）
🏠 臺南市中西區中正路 1 號
📞 06-2217201

17 葉石濤文學紀念館（P.148）
🏠 臺南市中西區友愛街 8-3 號
📞 06-2215065

18 柏楊文物館（P.156）
🏠 臺南市中西區樹林街二段 33 號
📞 06-2133111#569

19 楊逵文學紀念館（P.164）
🏠 臺南市新化區中正路 488 號
📞 06-5908865

20 香雨書院・鹽分地帶文化館（P.174）
🏠 臺南市將軍區長榮里 182 號
📞 06-7944823

21 真理大學臺灣文學資料館（P.182）
🏠 臺南市麻豆區北勢里北勢寮 70-11 號
📞 06-5703100 #6161~6163、6165

22 高雄文學館（P.192）
- 高雄市前金區民生二路 39 號
- 07-2611706~7

23 柯旗化故居（P.200）
- 高雄市前金區八德二路 37 號
- 07-5312560#383

24 鍾理和紀念館（P.208）
- 高雄市美濃區廣林里朝元 95 號
- 07-6822228

C 鍾理和故居（P.260）
- 屏東縣高樹鄉中正路 110 號
- 08-7957039

25 屏東旅遊文學館（P.215）
- 屏東市公園西路 24-2 號
- 08-7365010

編後語

走訪文學館，喚醒你我的臺灣文青魂

前衛出版社編輯
鄭清鴻

不管是「文藝青年」還是「文學青年」，「文青」這個詞，以及由它所延伸出來的那些超乎文學的意義，經過一陣窄褲、粗框眼鏡與單眼相機的流行，如今已經是個有點空泛的名詞，甚至有時還稍微帶點戲謔、貶抑或自嘲的意味。然而究其實，最初的「文青」，「文」的部分不無一種關於創作、閱讀文學的浪漫懷想，「青」則是對「年齡的」，同時也是「身體的」、「行動的」描述與想像——想想過了「青年」，體力與心態不如以往，有些事情會提早劃下句點，除非你找回年輕的某些憑依，「像十幾、二十幾歲的時候那樣」，而現代人往往三十多歲就有這種喟嘆。

但如果「文青」是「浪漫」與「行動」的混生人種，何以「文青」的歷史與形象一路寫來，如今反而讓人覺得假掰又造作？如果我們問得純粹一些：喜愛文學、文化與藝術的人們，在每一個時代是長得什麼模樣？是誰，在喜愛著文學？除了文青，難道再也沒有其他人會因為一篇根著土地、關注現實的作品，因為作者說故事的精湛技藝而感動了嗎？

我相信不是。但文學確實離我們的日常太遠。這塊島嶼錯綜複雜的歷史迷霧仍未完全撥雲見日，語言、文化與文學，則仍在斷裂的傳承中掙扎著。我們的人文教育還有很長一段路

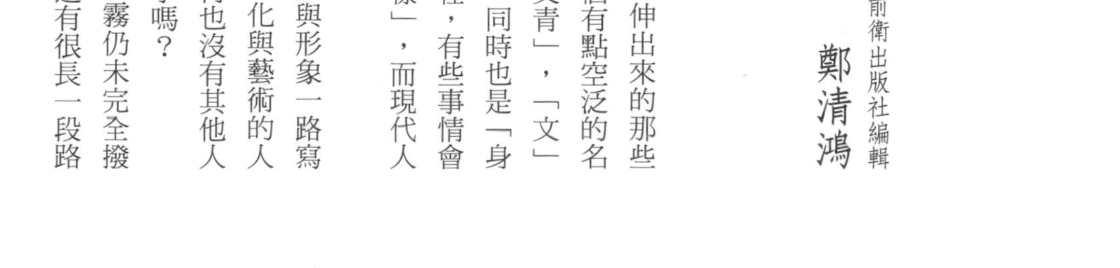

要走，而歷來的臺灣作家們置身於歷史與未來的現實縫隙中所寫下的文字，往往還沒有機會被好好地閱讀與理解，就被各種媒介與現代的進步（同時也是侷限）給沖刷掉——文本終究會成為歷史，只是我們沒想過它真正活著的時間如此地短，也不知道它還有沒有機會以預言的姿態重生在下一個盛世。

於是，四散在臺灣各地的文學館、博物館、作家故居、紀念館、圖書館等等，就成為一種很奇特的存在。在你我的印象中，文學館、博物館、圖書館總是充滿著知識性，這些空間同時也是作家及其文學作品的直接、間接文本，呈示著文學豐富而深刻的層次與紋理，進入館內觀覽，其實也就是另一種形式的閱讀。然而，若非寫報告、查資料、借書之類的務實需求，可能甚少有人會特地將這些地方當成參訪、閱讀，甚或遠道一遊的地點。或者是抵達目的地後，因為對館舍本身乃至於文學館參訪的意義無所掌握，而以走馬看花的方式匆匆走過看過，流於一次表面上充實，但卻毫無知性、心靈激盪的瀏覽。在進入作家故居或紀念館之前，有些提問或許更為尖銳：我們有什麼樣的理由必須認識某某作家？如果他不是課本作家，他有什麼重要性或成就值得我們認識？如果是課本作家，那還有什麼好認識的？

有趣的是，這些問題的解答都會在進入館舍之後自然浮現，但我們總是缺乏一次走入館舍的緣分，引領人們進入館內尋找屬於自己的答案。而這樣的緣分，可能來自一次偶然的晨間閱讀，也可能來自一次想旅行的衝動。但更重要的是，在日常生活中，我們有沒有可能牽起這樣的緣分，讓人們自然而然想要走進身邊的文學館，也讓文學館不只是蓋在土地上，而更能成為人們心中關於文學的、文化的、臺灣的那些具體象徵？

是故，在國立臺灣文學館的種種努力之下，臺灣文學在臺灣土地上經歷了漫長的噤聲與幽暗，終於開始出現了這樣的契機。除了館內定期的常設展、特展，各種教育推廣活動與研究資源的累積以外，透過「文學迴鄉」系列活動與館際合作，以及臺灣各地的文學館舍自身

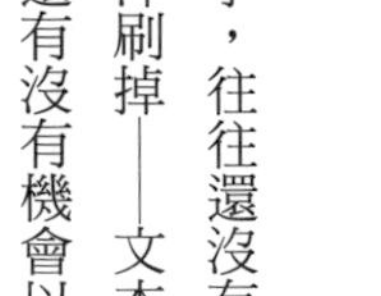

默默而長期的耕耘，作家生命與創作史、島嶼的時間軸、在地的空間軸這三維座標點，在世界文學的汪洋中連成一片島鯨之身，閃耀著粼粼波光。

而國立臺灣文學館也在推廣臺灣文學以及館際合作的基礎之上，與前衛出版社合作出版《遇見文學美麗島：25座臺灣文學博物館輕旅行》一書，規劃二十五座臺灣文學博物館（作家故居、紀念館、資料館、圖書館等）的採訪、介紹，以及規劃館舍周遭的文學地景小旅行，希望以旅行的形式，拉近人們與文學館的距離，也為文學的閱讀賦予了更多的意義。此外，本書也期望能跳脫制式的介紹，以館舍為中心，輻射出對作家（群）、文本與周遭地理的區域閱讀與觀照，最後收束於散文的抒情，讓本書不只是具備指南功能的輕旅遊書，更是一本同時具備文學性與歷史性的遊記。至於本書所收錄的七條在地走讀路線，則是以書中所錄的館舍為主體往周邊延伸，有些地方值得你停留兩天一夜、細細體會作家更多的日常如昔；有些街路則可以輕步走踏，充實一個午後的燦爛時光；有些則是文學館舍目前已有的文學旅行路線，在此僅呈現片段的樣貌。一方面，我們以此向致力於設計出在地文學旅行的館舍團隊、文學文化工作者致上敬意；另一方面，我們也希望能透過這樣的「試遊」，提供讀者更多自行規劃文學之旅的彈性，畢竟私房景點永遠多一個——只屬於自己的那一個，永遠會在我們各自的啟程之中。

本書的完成，可以說是國立臺灣文學館自二〇〇三年開館至今，肩負第一座「國家級文學博物館」的使命，致力於臺灣文學推廣、教育，以及館際交流方面的階段性成果。經過歷任館長的努力累積，特別是翁誌聰、陳益源兩位館長前後任內對於本計畫的支持之下，透過公共服務組張信吉組長與研究助理覃子君小姐的協助，以及研究典藏組林佩蓉小姐的支援，諸多行政與實務方面的問題才得以順暢進行。此外，也要感謝這次輕旅行的主角們——全臺各地的文學館——背後，投身文學、文化事業的前輩、夥伴，於繁忙館務之外對本計畫的全

力支援。不管是隸屬於公部門或學校的文學館舍，抑或是民間自發籌建的紀念館，每一座散落在臺灣各地的文學博物館與紀念館，著實都有無可取代的歷史意義與功能，在臺灣文學的傳承、教育與推廣方面各擁擅場。雖然礙於篇幅與採訪時程，有一些遺珠館舍以及部分仍在孕育中的文學館或園區，還未能列入本次輕旅行專書，但我們仍期待本書能是一次誠摯的邀請，透過採訪與閱讀的對話，讓社會大眾都能重新意識到自己身邊就有一座值得一訪的文學館，透過參訪館舍、參與各類藝文活動，甚至是循著本書建議的走讀路線與概念走踏一回，可以再次發現自己的在地生活、生命意義，其實無時無刻與這片土地密切相連。而作家們刻苦銘心流傳下來的作品，每一篇都宛如一把鑰匙，為我們打開通往文學、歷史，乃至於照見現實、領略生命的大門。

最後，謝謝本次參與「臺灣文學博物館採訪小組」所有夥伴。我們帶著一顆對島嶼母土赤誠的心意與信念，投身臺灣文學、文化研究的訓練，並期待能將臺灣學與臺灣土地重新連結起來，某種意義上，這本書也是我們一群「臺文青」對於這個學科的辯證與實踐。希望未來，能有更多臺文青們一起來點燃大家的文青魂，無論是閱讀或是走讀，無論是創作或是評論，美麗島的文學都將因為你我的閱讀與認識，真正在每個人的心中開成一座美麗的文字花園。

臺灣文學博物館採訪小組

鄭清鴻——企劃主持、責任編輯

一九八七年生，屏東人，臺中教育大學臺語系學士、臺灣師範大學臺文系碩士。現為前衛出版社編輯企劃、捍衛臺灣文史青年組合成員，曾任永和社區大學臺灣文學課程講師。學術興趣為臺灣文學本土論、文學史及本土語文議題。目前把臺灣文學出版與教學當成社會運動努力中。

朱宥勳——總論、「桃園市客家文化館‧鍾肇政文學館」採訪寫作

一九八八年生，國立清華大學臺灣文學研究所碩士。現專職寫作，以小說和文化評論為生活養分，經營學院與讀者之間的買辦生意。已出版小說《暗影》、評論散文《學校不敢教的小說》、並擔任書評月刊《秘密讀者》編輯委員。

劉姵均——「林語堂故居」採訪寫作

曾在林語堂故居擔任導覽員，現為國立清華大學臺灣文學研究所研究生，畢業自高雄師範大學英語系。親切的彰化人，專職貓奴，喜歡寫字，喜歡攝影（尚在學習階段），最喜歡的地方是蘭嶼，以及對博物館圈的大小事深感興趣。

蔡琇敏——「梁實秋故居」採訪寫作

一九九五年生。我寫字，從非常遠的早晨，到臨近的黑夜。

印　卡——「紀州庵文學森林」、「國立臺灣文學館齊東詩舍」採訪寫作

出過一本戰前心理清理的詩書，近年來作品曾收入幾本合集。目前仍在文字堆裡面當偵探，但還沒有找到真正的兇手。時常遊蕩在街上，在中研院或者臺大，偶而會給幾個當代詩學的講座，最近在準備當代國外詩歌的功課。

一切騙你的，真心不假。

呂焜霖——「宜蘭文學館」、「李榮春文學館」採訪寫作

國立政治大學臺灣文學研究所博士生，現為一名國文教員。

留婷婷——「三毛夢屋」採訪寫作

人不如其名，既非儀表堂堂，也從來不停不留。會很多技能，但沒有一樣精通；有很多興趣，但沒有一件長久；讀很多書，但沒有一本記得。鎮日周旋於霧都澳門及風城新竹之間，視失眠為常態，心願是在長皺紋之前畢業。

何欣怡——「吳濁流藝文館」採訪寫作

新竹人，現為國立清華大學臺灣文學研究所碩士生。

劉鎧瑩——「臺中文學館」採訪寫作

臺北人，有點激進有點躁鬱。很容易餓，所以脾氣不太好。臺文對於我的啟發意義重大，因此我以臺文人為榮。

賴思辰——「明道中學現代文學館」採訪寫作

國立中正大學臺灣文學研究所碩士，在臺灣中部成長，卻是在東部與南部成熟。雖然生長在臺灣，但在文字之外有著對全球氣候的關懷，與南極企鵝同進退。

何敬堯——「賴和紀念館」、「彰化文學館．八卦山文學步道」採訪寫作

小說家、作文教師。臺中人，臺灣大學外文系、國立清華大學臺灣文學研究所畢業。擔任過電影工作室編劇、記者、舞臺編導。作品榮獲全球華文青年文學獎、臺大文學獎、臺北縣文學獎，以《盡頭之濱》入圍臺灣推理作家小說獎。創作融鑄奇幻、歷史、推理，首部小說《幻之港——塗角窟異夢錄》獲文化部年度新秀文學獎，《逆光的歷史》獲國立臺灣文學館臺灣文學學位論文出版獎助。

翁智琦——「南投縣文學資料館．陳千武文庫」採訪寫作

一九八五年生，南投人。國立政治大學臺灣文學研究所博士生，巴黎高等社科院訪問學人。研究興趣為現當代華文小說、美援文化、香港文學、泰華文學等。

江冠葦——「鄭豐喜紀念圖書館」採訪寫作

一九九四年生，社工系，臺中人。討厭砍樹拆房子的人，只喝無糖的飲料，環保狂。

宋家瑜——「國立臺灣文學館」採訪寫作

就讀國立清華大學臺灣文學研究所，臺南長大的客家細妹。二〇一一年夏天於國立臺灣文學館研究典藏組實習，二〇一四年交換至北京大學考古文博學院修讀博物館學。喜歡旅行及攝影，更喜歡把腳下這片土地孕育的文學作品介紹給更多人認識。

蘇宇翎——「葉石濤文學紀念館」採訪寫作

媒體文字工作者。曾任葉石濤文學紀念館館員，對臺南有說不完的愛與迷戀，自小在此生長，土地涵養自我，願美好一切透過文字分享給更多人。

郭芩玉——「柏楊文物館」採訪寫作，館舍插畫繪製

家住大海邊的高雄梓官人。不務正業，不寫論文，不甘願地邁向在風城安身立命的第四年。地圖兼雜誌控，熱愛菜市場與老戲院。企圖以文字與攝影去記錄／抵抗時間的消逝。

林鈺芳——「楊逵文學紀念館」採訪寫作

一九九二年生，板橋人。

堅信文字與擁抱皆能陪伴失意的靈魂，並填補生命裡的破碎。目光常被可口的小孩吸引，無法抗拒紅色以及讓精神明朗的海。現就讀國立中正大學臺灣文學研究所。

蘇冠人——「楊逵文學紀念館」採訪、攝影協力

一九八七年生於臺灣臺南市，國中時開始寫歌詞，便與文字結下不解之緣。喜歡音樂、文字、攝影、旅行，現就讀國立中正大學臺灣文學研究所，與論文搏鬥中，希望畢業後能從事文字相關工作，這輩子的夢想是拿到金曲獎最佳作詞人獎。

鄭婷允——「香雨書院．鹽分地帶文化館」採訪寫作

常常掙扎於未知概念和細節的臺灣文學研究生，來自高雄，現居新竹，喜歡走路和探索建築。

陳允元——「真理大學臺灣文學資料館」採訪寫作

一九八一年生於臺南。國立政治大學臺灣文學研究所博士候選人。曾任政大中文系、真理臺文系兼任講師。研究關注為戰前東亞殖民地前衛美學的生成。曾獲林榮三文學獎散文首獎等。著有詩集《孔雀獸》（行人文化實驗室發行，二〇一一）。

洪立穎——「真理大學臺灣文學資料館」採訪協力

暱稱四貓，在幻想中豢養了四隻大小花色不同的貓。說要出詩集《宇宙旅行☆跌倒了》，等了很久，太空船終於開到地球了。座右銘是：「靈感像貓，有時對你呼嚕嚕，有時炸毛。」

elek——「高雄文學館」、「柯旗化故居」採訪寫作

一九八六年生，高雄鹽埕人。社會學出身。胸無大痣，望海思春，一不小心就太浸淫閱讀。

王欣瑜——「鍾理和紀念館」採訪寫作

國立成功大學臺灣文學系、國立清華大學臺灣文學研究所碩士班畢業，曾任鍾理和紀念館專案研究員，現為《自由時報》文字編輯。

蕭鈞毅——「屏東旅遊文學館」採訪寫作

一九八八年生，現就讀國立清華大學臺灣文學研究所博士班。《秘密讀者》編輯委員之一。得過幾個文學獎，在論文與小說之間總覺得日子難過，且不可迴避地注定宿命地窮，希望有朝一日能毫無顧忌地讀書到死，書寫到死。

特別感謝

方冠茹、王志誠、王雅珊、李加尉、沈青縈、周馥儀
林佩蓉、林承謨、林雯琪、林潔伶、邱怡瑄、徐秀容
康　原、張良澤、張棠銘、張綵芳、張賽青、梁文薔
莊雅萍、陳杏如、陳坤崙、陳芝英、陳美幸、陳家祺
陳淑芬、黃于庭、黃仙惠、黃冠翔、趙慶華、劉羽軒
劉怜珍、潘奕丞、蔡沛霖、蔡佳芳、戴秀珊
（依姓氏筆劃排序）

快下載「台灣文學地景閱讀與創作APP」，一起華麗出發！

國立臺灣文學館製作「台灣文學地景閱讀與創作APP」集結近200位作家，約450篇臺灣地景作品，按作品內容之地景位置標註GPS座標，讓文學與土地融為一體。利用手機定位功能，在實際移動的同時，APP程式可同步顯示標註在當地的作品。民眾除了可閱讀作品並追尋作家腳步探訪作品實景外，亦可在任何地點進行創作，寫下對這塊土地的想像與感動，留下屬於自己的文字與圖像，在虛擬空間共建一個「文學創作」與「歷史地景」共同連結的記憶地圖。配合《遇見文學美麗島》一書，APP增加「文學館行旅」單元，收錄本書25座臺灣文學博物館簡介，以及在地走讀內容摘錄，GPS定位街景搜尋、隨走隨讀，結合紙本書與APP，精彩內容絕不錯過！

用心感受這塊土地上的
每個感動時刻

用文字寫下這塊土地的
想像與芬芳

身歷其境文學館舍　體驗文學尋根行旅

台灣文學地景閱讀與創作
Android版下載頁面

台灣文學地景閱讀與創作
Web版線上瀏覽

掃描QRcode進入Android版下載及Web版瀏覽頁面。
iOS版同步推出！

國立台灣文學館
National Museum of Taiwan Literature

遇見文學美麗島

25座臺灣文學博物館——輕旅行

作　　者　臺灣文學博物館採訪小組
劉姵均、蔡琇敏、印　卡、呂焜霖、朱宥勳
留婷婷、何欣怡、劉鎧瑩、賴思辰、何敬堯
翁智琦、江冠葦、宋家瑜、蘇宇翎、郭苓玉
林鈺芳、蘇冠人、鄭婷允、陳允元、洪立穎
elek、王欣瑜、蕭鈞毅
責任編輯　鄭清鴻
美術編輯　Nico
封面設計　江孟達工作室
地圖繪製　郭苓玉
攝影協力　林莉亞、翁智琦、蘇冠人、鄭清鴻、洪佳羽
影像授權　陳杏如、連偉志、鍾舜文、邱明萱、劉津君
梁瑞蓮、國立臺灣文學館、賴和文教基金會
葉石濤文學紀念館、鍾理和文教基金會
指導單位　文化部
計畫指導　陳益源、蕭淑貞、洪秀梅
業務指導　張信吉
業務承辦　覃子君

合作出版　前衛出版社
社長：林文欽
地址：臺北市中山區農安街153號4樓之3
電話：02-25865708｜傳真：02-25863758
劃撥帳號：05625551
電子信箱：a4791@ms15.hinet.net
官方網站：www.avanguard.com.tw

國立臺灣文學館
館長：陳益源
地址：臺南市中西區中正路1號
電話：06- 2217201｜傳真：06-2226115
官方網站：www.nmtl.gov.tw

法律顧問　南國春秋法律事務所林峰正律師
出版日期　2015年12月初版一刷

總 經 銷　紅螞蟻圖書有限公司
臺北市內湖區舊宗路二段121巷19號
電話：02-27953656｜傳真：02-27954100
定　　價　新台幣400元

ISBN 978-957-801-789-4
GPN 1010402533

國家圖書館出版品預行編目(CIP)資料

遇見文學美麗島：25座臺灣文學博物館輕旅行/臺灣文學博物館採訪小組著. -- 初版. -- 臺北市：前衛出版；臺南市：臺灣文學館, 2015.12
面；17×23公分
ISBN 978-957-801-789-4(平裝)

1.臺灣遊記 2.文化觀光 3.文化機構

733.6　　104025095